学生礼仪

XUESHENG LIYI

朱珊珊　邓建君　主编

中国劳动社会保障出版社

图书在版编目（CIP）数据

学生礼仪 / 朱珊珊，邓建君主编 . -- 北京 : 中国劳动社会保障出版社，2025. -- ISBN 978-7-5167-7008-5

Ⅰ. K891. 26

中国国家版本馆 CIP 数据核字第 20252XT526 号

中国劳动社会保障出版社出版发行

（北京市惠新东街 1 号　邮政编码：100029）

*

北京市白帆印务有限公司印刷装订　　新华书店经销

787 毫米 ×1092 毫米　16 开本　12.25 印张　209 千字

2025 年 9 月第 1 版　　2025 年 9 月第 1 次印刷

定价：26.00 元

营销中心电话：400-606-6496

出版社网址：https://www.class.com.cn

https://jg.class.com.cn

前言

礼仪源于内心的尊重与友善的自然流露，是个人品德修养在行为举止的外在体现。在这个充满机遇与挑战的时代，精湛的专业技能是技工院校学生安身立命、驰骋职场的“硬实力”，它为同学们铺就了通往成功的坚实路基。在现代社会日益强调合作与沟通的背景下，作为一种能够体现个人文明风貌、塑造良好形象、促进人际和谐的“软实力”，礼仪在同学们成长成才之路上同样扮演着不可或缺的角色。

本教材以文明礼仪养成为重点内容，包括 6 个篇章共 20 个模块，紧密结合技工院校学生的年龄特点、认知规律及未来职业发展需求，力求内容的科学性、实用性与趣味性相统一。本教材选用生动丰富的案例和具体操作范例，配以照片、课堂活动、温馨贴士、知识链接、课后训练等，从形象礼仪、社交礼仪、生活礼仪、校园礼仪及职场礼仪等方面，介绍同学们在生活、学习和未来工作中需要了解和掌握的礼仪知识，引导同学们切实践行礼仪规范，提高礼仪修养，让礼仪为青春添彩，为未来赋能，在追求技能卓越的同时，也收获更加丰盈、更受尊重的人生，为今后的工作和生活奠定良好的基础。

本教材适合作为技工院校公共课教材使用，也可供学生家长、教育工作者及拟自学礼仪知识的读者使用和参考。

本教材配有电子课件，可登录技工教育网（https://jg.class.com.cn），在对应书目下下载。

本教材由朱珊珊、邓建君担任主编，逯思彤担任副主编，张震参加编写，姚睿、顾金铭示范动作。

恳切希望广大读者对教材提出宝贵意见和建议，以便修订、完善。

编者

2025 年 8 月

目录

礼仪概述篇

在如花的年龄，同学们走进技工院校，迎来了人生中一段美好的时期，这是同学们学习知识、掌握一技之长的关键时期，更是为踏入社会做准备的重要时期。

进入社会，就意味着同学们完成了从学生到社会人的身份转变，要以独立、成熟的个体身份同社会上各种各样的人接触、打交道。有些人无论走到哪里都受人欢迎，人们也乐意与他交往，有些人的表现却让人不大愿意和他打交道。一个受大家欢迎的人，在适当的场合总会做出恰当的表现。彬彬有礼是人际交往中的润滑剂，知书达理、以礼待人有利于塑造良好的个人形象，也可帮助同学们建立良好、和谐的人际关系。

一、礼仪的概念

礼仪即礼节和仪式，是指在较大、较隆重的场合，为表达对宾客的尊敬和友好，根据某些惯例而举行的礼宾仪式，后来又引申为在社会生活中，受历史时期、风俗习惯、宗教文化等影响而形成的并被大家共同认可和遵守的道德准则、行为规范、礼节仪式等。

荀子说："人无礼则不生，事无礼则不成，国家无礼则不宁。"礼仪是人们在社会人际交往中沟通思想、交流感情、建立和谐人际关系、获得尊重的方式和手段，是公民素质、人类文明的重要组成部分和重要标志，是世界各民族宝贵的文化积累和精神财富，是一个人乃至一个民族、一个国家文化修养和道德修养的外在表现形式。

二、礼仪的作用

中国是礼仪之邦，中华民族五千多年的悠久历史孕育了璀璨的礼仪文化。国家要发展，民族素质要提高，礼仪在其中起了很重要的作用。2019 年 10 月，中共中央、国务院印发的《新时代公民道德建设实施纲要》强调，要提高全民的礼仪素养，“充分发挥礼仪礼节的教化作用。礼仪礼节是道德素养的体现，也是道德实践的载体”。

（一）礼仪是一种行为准则

礼仪是一种道德行为规范，代表着社会道德观念。它作为一种社会行为标准和规范，通过评价、劝阻、示范等教育形式纠正人们不正确的行为习惯，倡导人们按礼仪规范的要求去协调人与人之间的关系，维护社会的正常秩序。

（二）礼仪是人际交往的润滑剂

在不同的场合与不同的对象交往，需要不同的礼仪形式。良好人际关系的建立是以礼仪为基础的，更是用礼仪来维系的。人们在交往过程中，需要处理方方面面的关系。要协调好人际关系，其中很重要的一点就是运用恰当的礼仪形式缩短人们之间的情感距离，缓解或避免不必要的人际冲突，消除人际交往中的隔阂，建立友好合作关系。

（三）礼仪是树立和维护良好形象的重要手段

从个人角度看，礼仪不仅可以有效地展现一个人的修养，还可以体现出一个人对社会的认知水平。“不学礼，无以立”已成为人们的共识。礼仪是一件“华服”，把它庄重得体地“穿”在身上，可以为我们的个人魅力加分，帮助我们怡情养性、悦人悦己。

从团队的角度看，礼仪可以塑造团队形象，提升美誉度，是企业精神的外化形式。一个拥有良好形象的企业，更容易获得社会各方的信任与支持。

从国家的角度看，礼仪是树立良好的国家形象的重要手段，一个尊重国际礼仪的国家，更能得到其他国家的信任和世界的肯定，有助于树立本国良好的国际形象，从而获得更广阔的发展空间。

礼析启思

案例：

某技工院校学生小宇为减轻家庭负担，课余在学校食堂窗口勤工俭学。刚上岗时，小宇很紧张，生怕出错，脸绷得紧紧的。有一天，他给一位同学拿早餐时，不小心把一个包子掉在了盘子外面，同学面露不悦："你能不能小心点儿！"小宇赶紧捡起包子："对不起，我重新给你拿一个！"旁边打粥的张阿姨笑着对同学说："小宇同学刚来没几天，手还生，你多担待啊！"又转头对小宇说："小宇，别急，慢慢来。你看，我打粥的时候，都会笑着对同学说'粥烫，小心点儿'，他们也会笑着跟我回应，这样大家都开心。"小宇看着张阿姨脸上的笑容，突然明白了什么。

从那以后，小宇每天上班都会提前10分钟到岗，把菜盆擦得锃亮。打菜时，他会主动微笑着跟同学打招呼："你好，今天的红烧肉炖得很烂，要多来点儿吗？"遇到赶时间的同学，他会加快速度并保持准确无误，说："别急，我帮你装快一点儿！"慢慢地，小宇的窗口变得热闹起来，有的同学成了他所在窗口的常客，说："看到你的微笑，吃饭都香了。"有的老师会跟他聊天："小宇，今天的菜味道不错，你推荐的卤蛋真好吃！"同学们称赞道："食堂最暖的窗口，有那个笑着打菜的帅哥小宇！"

点评：

小宇从"拘谨的打菜员"成长为"微笑的服务者"，没有经过复杂的礼仪培训，只是学会了用真诚的态度传递善意：一句问候、一个微笑、一次暖心的推荐，让食堂这个"烟火气"最浓的地方，多了一份温暖的"人情味儿"。小宇在食堂勤工俭学的经历，也成了他的礼仪实践课和成长必修课，食堂的勤工俭学岗位则成了学校礼仪教育生动的"第二课堂"：小宇的微笑服务将"尊重他人""真诚待人"的礼仪理念变成了日常的行为习惯，迅速拉近了小宇与师生的距离，也赢得了大家的信任和赞誉。

讨论：

1. 你在学校食堂遇到过哪些让你暖心的服务？你当时的感受是什么？
2. 如果你像小宇一样在食堂勤工俭学，你会如何提升自己的服务礼仪？

（四）遵守礼仪规范有利于促进青少年身心的健康发展

青少年成长的过程，从本质上讲是其社会化的过程。社会化是指个体由自然人成长、发展为社会人的过程。在社会化进程中，个体自身的心理能力得到发展，人格及行为方式逐渐健全。从个体视角看，社会化是指个体与其他社会成员互动，成为合格的社会成员的过程。获得礼仪知识并付诸实践是一个人在社会化过程中不可缺少的重要内容。任何一个社会人，都自觉或不自觉地受到礼仪的约束。随着年龄的增长、心智的成熟，青少年面对的社会规范越来越多，自觉遵守礼仪规范是个人融入社会的重要表现。

总而言之，在人际交往中，恰当的礼仪可以获得对方的信任，进而建立和谐愉悦的人际关系。具有良好形象和信誉的个人更容易获得成功。一个人讲究礼仪，就会在众人面前树立良好的个人形象；一个职业人讲究礼仪，就会有利于帮助其所在的组织、团体树立良好的形象，赢得公众的赞誉。因此，学习、讲究礼仪既是个人良好素质的体现，也是树立和巩固个人及其所在组织、团体良好形象的需要。学习礼仪知识，有助于改善个人形象，提高个人综合素养。若同学们想要提高自己的社会交往、待人处事及择业的能力，就要重视礼仪学习，掌握必备的日常礼仪规范。

课堂活动

测测你的礼仪指数：

1. 在街上或其他场合遇到认识的人，你总是热情打招呼吗？

2. 乘坐公共汽车时，你会主动为老弱病残孕及怀抱婴儿的乘客让座吗？

3. 你对待商店、饭店、咖啡店的服务员总是很有礼貌吗？

4. 与他人一起进出时，你总是抢先一步把门打开，让他人先通过，然后自己再轻轻地把门关上吗？

5. 你认为说粗话、脏话、低级笑话是不文明的表现吗？

6. 你很容易展露笑容吗？

7. 你在公共场合总是穿着整洁大方吗？

8. 你在和人交往中总是注意使用“谢谢”“对不起”“没关系”等礼貌用语吗？

9. 过十字路口时，你从来没有闯过红灯，是吗？

10. 在与他人交谈时，你总是认真倾听吗？

测试结果：

回答 8 个及以上“是”，表明你的礼仪指数较高；回答 6~7 个“是”，表明你的礼仪指数一般；回答 6 个以下“是”，表明你的礼仪修养亟待提高。

三、礼仪的原则

礼仪的原则主要包括尊重、自律、宽容、平等、适度。

（一）尊重

礼仪的核心是敬人，即以尊重为本。尊重是礼仪的情感基础，是对对方的理解、肯定和接受，人与人之间只有彼此尊重，才能保持和谐愉快的人际关系，形成良好的社会风气。

每个人都希望别人尊重自己、理解自己。要获得别人的尊重，就要从尊重他人做起。

尊重他人表现在方方面面：一要尊重他人的人格尊严，无论何时都不能对其进行人格的侮辱和诋毁；二要尊重他人的隐私，偷听他人谈话、刺探他人私生活等都是不尊重他人隐私的表现；三要理解和尊重他人的行为习惯，不要将自己的标准强加于人；四要尊重他人的劳动、爱好和情感。总之，对他人表示尊敬，要从他人的角度出发，推己及人，努力做到“己所不欲，勿施于人”。

礼析启思

案例：

前台服务员小樊对退房的客人说：“请稍等，我们需要检查房间物品。”见客人面露不悦，她补充道：“之前出现过客人损坏床单和私拿毛毯的情况。”客人很生气，认为被影射指责，非要酒店给个说法。大堂经理陈经理及时介入并致歉：“非常抱歉，给您造成了不佳体验。”最后，小樊向客人道歉，陈经理主动提供房费折扣，客人表示满意。

客人刚离开，又有客人来退房。陈经理接过客人的房卡，微笑着说：“请您稍候，我们需要确认是否有物品遗落，感谢理解。”客人欣然接受。等待中，陈经理主动向客人介绍本地特色景点，客人说：“我常来贵地谈生意，以后就常住你们家酒店了。”“那您不如办张贵宾卡，享受9折住宿优惠和每天免费午餐，可以为您节省不少钱呢！”客人欣然办卡。

小樊深得陈经理的言传身教。两年后，她获评酒店优秀员工。

点评：

当客人面露不悦时，小樊的解释伤害了客人的尊严。陈经理则从客人的切身利益出发，处处体现礼仪的尊重原则，“确认是否有物品遗落”的表述将检查行为转化为对客人的关怀，主动介绍本地特色景点，推荐贵宾卡为客户创造“节省开支＋增值服务”的可见价值。陈经理在为客人退房时表现出良好的职业素质和能力，使客人获得了愉快的情绪体验，为酒店赢得了长期客户，员工、公司、客人都受益。

讨论：

若你是小樊，在客人办好了贵宾卡并退房离开后，会对陈经理说些什么呢？

日常生活里常有一些小事并不引人注目，但仔细想来，我们能看到当事人的用心和对别人的尊重。比如，下雨天乘坐拥挤的公共汽车，他们会把雨具收好，放在随身携带的塑料袋里；在进出商场等公众场合时，他们会为身边进门或出门的人多扶一会儿门……这样的事数不胜数。同学们在日常生活中，会留意哪些类似的小事呢？

（二）自律

礼仪规范是在长期的社会生活中，在人们的风俗习惯基础上逐渐形成的，它反映的是人们共同的利益要求，这就要求每一个社会成员都要自觉遵照执行。

礼仪中的自律原则是指人们在社会交往过程中学习掌握礼仪规范后，会在心中确立一套行为修养准则，并逐渐将其内化为一种内心的道德标准，以此来约束自己在社交中的言行，严于律己，进行自我管理。

自律原则的真正实现，就是不管有没有外部监督，人们都能按照内心的道德标准行事，在各种场合都能以礼仪规范严格要求自己。

自律的形成过程也是修养的提升过程，需要我们平时自觉学习礼节、民俗等方面的知识，从一点一滴做起，有意识地改进自己的言行。当你的一举一动在不知不觉中越来越符合礼仪规范时，那么恭喜你，你的自身素养正在不断提升。

礼析启思

案例：

某日，孟子的妻子在房间里休息，因为是独自一人，便将双腿叉开坐着。这时，孟子推门进来，一见妻子这样坐着，十分生气。原来，古人称这种双腿向前叉开坐为箕踞[①]，这是非常不礼貌的行为。孟子一声不吭地走出去，看到孟母，便告诉她自己想把妻子休回娘家去，因为“她既不懂礼貌，又没有仪态”。孟母问：“你为什么认为她没有礼貌呢？”“她双腿叉开坐着，箕踞向人。”孟子回答，并把刚才的一幕说给母亲听。孟母听了后说：“失礼在先的人是你，而不是你的妻子。难道你忘了我是怎么教你的了？进屋前，要先问一下里面是谁；进入厅堂时，要高声说话或咳嗽几声；为避免看到别人的隐私，进房间后，眼睛要向下看。你想想，卧室是休息的地方，你不出声、不低头就闯了进去，已经失礼，怎能责备别人没有礼貌呢？没礼貌的人是你自己呀！”一席话说得孟子心服口服，再也不提休妻了。

点评：

遵守礼仪规范是自律能力得到不断强化的过程。孟子是中国古代思想家，在这件小事中，圣人和普通人一样存在失礼的行为，可贵的是孟子严于自律，立即接受了母亲的批评。

《礼记·中庸》有云：“莫见乎隐，莫显乎微，故君子慎其独也。”君子慎独，哪怕是在一个人独处的时候，也一定要谨慎遵守礼仪规范，这样才能真正将礼仪规范内化于心、外化于行，充分发挥礼仪在浸润内心道德、规范人际交往、促进社会和谐等方

① 古人席地而坐，坐时臀部紧挨脚后跟，如果随意伸开双腿，像个簸箕，就叫箕踞，是一种不拘礼节、傲慢不敬的坐法。

面的巨大作用。

讨论：

孟子的妻子见到孟子走进房间看见自己双腿叉开坐着时，心里会有何想法呢？

（三）宽容

宽容就是能够体谅他人，设身处地地为对方着想。宽容的突出表现是容人，原谅别人的过失。人非圣贤，孰能无过？在与人交往的过程中，我们不要求全责备、斤斤计较，应该给对方留下余地。人们常说，退一步海阔天空，也就是这个道理。刻薄是宽容的对立面，体现为咄咄逼人，得理不饶人，一点点不快都会记恨在心，一有机会就睚眦必报，甚至把人逼至窘境。

当然，宽容绝不是纵容，不是放弃原则、姑息迁就，更不是做“老好人”。对于行为不端者和寻衅滋事者不能一味讲宽容，而要有理、有据、有节地坚持说理。

礼析启思

案例：

实训课上，小艾发现自己新买的游标卡尺不见了，有同学说是小苏偷的。小艾很生气，向班主任黄老师反映，黄老师找小苏谈话，问：“小苏，你为什么拿小艾的游标卡尺？”小苏回答：“老师，对不起，我急着要测工件而他又不在，所以我就自己拿了，本来我想等他回来就告诉他的。”黄老师说：“原来是这样，你想及时测工件，这很好，但不能在人家不在时随便拿别人的东西！”小苏连连点头：“不好意思，我错了，我不应该未经允许就擅自使用小艾的游标卡尺，我下次不会这样了。”“如果你急着完成工件，自己又没有游标卡尺，想向别人借，那你就找在实训室的同学借，千万不能拿不在教室的同学的东西！”“好的，老师，我记住了，谢谢您！”黄老师微笑着拍拍小苏的肩膀：“我相信你是一个好同学，不过今天你擅自拿了人家的游标卡尺，要向小艾道歉”“好的，好的，谢谢老师的悉心教导，我马上去向小艾同学认错并道歉！”

小艾愉快地接受了小苏的道歉，黄老师告诉同学们：“任何时候都要记住‘心中有眼’，做到慎独，不能做的事绝对不做……”此后班级里再未出现类似情况。

点评：

小苏能够立即坦诚认错并道歉，与黄老师、小艾的宽容不无关系。其他同学也因此受到教育，悄然校准了心中的行为标尺，懂得再微小的工具借用都需要丈量规则的边界，任何时候都应严格自律。很多时候，当我们选择放下苛责、伸出谅解之手时，不仅能化解矛盾冲突，更能在对方灵魂深处投下一束光。

“爱人者，人恒爱之；敬人者，人恒敬之。”礼仪从来不是束缚人的枷锁，而是通往彼此内心的桥梁。生活中每一份自律、尊重和宽容，都能为世界增添一份温柔和美好。

讨论：

如果黄老师听到小艾的反映后勃然大怒，严厉地批评小苏偷了小艾的游标卡尺并要给予处分，结果将会怎样呢？

课堂活动

1. 生活中，你是否能够宽容待人呢？以下情况是我们在日常交往中难免遇到的，在这些情况下如何选择才是宽容待人的体现呢？

（1）在公共汽车上，别人无意踩了你的脚，宽容的你会：____________________。

（2）喜欢的新水杯被同桌不小心碰到地上摔坏了，宽容的你会：______________。

（3）在饭桌前，同学不小心把菜汤溅到你喜爱的新衣服上，宽容的你会：________________。

（4）邻居家忙着装修，堆在门口的施工材料没能及时处理，影响了人们的出入，宽容的你会：________________________。

（5）当你辛辛苦苦地做完一件事却得不到认可和赏识时，宽容的你会：________________。

（6）如果你的同桌是一个争强好胜的人，宽容的你会：________________________。

（7）当你遇到总喜欢对别人百般挑剔又不顾他人情绪的搭档时，宽容的你会：______________。

（8）上课时，老师为照顾基础较差的学生放慢了讲课的速度，宽容的你会：__________________。

2. 与人相处，难免有摩擦和冲突。宽容的人懂得换位思考，会用积极的心态去化解矛盾、解决问题，从而建立和谐愉快的人际关系。请开启反思时刻，填写表格。

曾经发生的事	我觉得自己当时不够宽容	如果时光倒流，那时候的我会这样做
示例：妹妹不小心打碎了一个碗。	生气地对妹妹说："你怎么总是这么不小心，做事不能沉稳些吗？真笨！"	抱抱妹妹，仔细查看她的手，安慰她："没伤到手吧？当心，别踩到碎片。我知道你想多分担一些家务，只是有时有点毛手毛脚，不要紧，以后做事细心点。我来打扫干净。"
1.		
2.		
3.		

（四）平等

与人交往还应该平等相待，交往者既不可因年长、位高而骄傲、自负，也不必因年轻、位低而自卑、自惭。

（五）适度

人际交往中的适度原则是指掌握与交往对象的亲疏分寸，在特定环境中把握人们彼此之间的情感尺度，既要符合礼仪的规范性，又要兼顾礼仪的灵活性，使交往双方都感到舒适、感动、愉悦。比如，与人交往时能够兼顾他人，不厚此薄彼；交谈时既不过多吹捧，也不一味谦虚；餐桌上不过于频繁地给客人夹菜；登门拜访时提前预约等。

课堂活动

有学者认为，根据人们交往的不同程度，可以把个体空间划分为四种距离。

1. 亲密距离，此距离是人际交往的最小间距，可称为亲密无间。相距 0 ~ 15 厘米，属于肌肤亲密接触的关系，常出现在夫妻、恋人、父母与子女之间。相距 15 ~ 45 厘米，这是身体不相接触但可以用手相互触摸到的距离，如挽臂执手、促膝谈心等，多存在于兄弟姐妹、亲密朋友、同事之间。

2. 个人距离，这个距离较少出现直接的身体接触。相距 45～120 厘米，适用于较为熟悉的人之间，可以亲切握手、交谈。

3. 社交距离，已超出亲密或熟悉的人际关系。相距 120～210 厘米，一般是工作场合与公众场所常处于的一种距离，如接待因公来访的客人，上级向下级布置工作等。如果相距 210～360 厘米，则表现为更加正式的交往关系，是会晤、交谈等场合适用的距离。

4. 公众距离，360 厘米以上，人际沟通大大减少，很难进行直接交谈。一般是演讲、教师讲课、舞台表演等适用的距离。

请同学们尝试一下彼此间的不同距离，说说有什么不同的感觉。

适度原则是建立在客观评价自己、评价别人的基础之上的。在日常交往中，同学们要正确认识自己的能力、特长，正确认识别人的态度、动机。下面这个案例中小兰之所以令女主人不悦，就是因为她没有把握好适度原则，没有考虑到自己的行为给对方带来了不便。

礼析启思

案例：

小兰通过中介公司找到了一份做保姆的工作。小兰热情活泼、踏实能干，第一天就给对方留下了不错的印象。她的主要工作之一是打扫房间，包括女主人的卧室。细心的女主人特意给小兰提供了一张时间表，上面写明每天上午 8 点清理卧室。

开始几天，小兰都干得很好，令女主人很满意。有一天，小兰照例去清理女主人的卧室，发现她仍在睡觉。小兰想，我还是得按照时间表行事，动作轻点打扫也并不会影响女主人休息。于是，小兰轻手轻脚地干起来。这时，女主人突然醒了，发现小兰在她的房间里，感到很惊讶，马上叫起来："你在干吗？"小兰解释说："您接着休息吧，我这就打扫完了。"女主人眉头紧皱、面露不快，语气生硬地说："行了，你别打扫了，出去吧！"小兰愣住了，不明白自己哪里惹恼了女主人，心想："不是你叫我按时打扫的吗？"她满腹委屈地走了。

点评：

小兰的行为看起来像是做事认真负责，但她的举动和孟子未敲门闯进房间看见自己的妻子箕踞向人一样是侵犯了他人的隐私，妨碍了他人的私生活，这是不符合礼仪规范的。在人际交往中，我们应把握“热情有度”的原则。这个“度”就是以不妨碍对方、不给对方增添麻烦、不令对方感到不快、不干涉对方私生活为限。

讨论：

在这件事情的处理上，小兰和女主人的言行有哪些需要改进的地方呢？

温馨贴士

记住这些小细节，提升你的礼仪指数

1. 用心记住别人的喜好

把别人的喜好记在心里，对方一定会心生欢喜，倍感温暖。如：请亲友吃饭，带点对方喜欢、小而贴心的伴手礼（茶叶、零食、手工点心、经络敲打棒、捏捏乐解压神器等），点菜时照顾对方的口味，点其喜欢吃的菜，若了解其饮食禁忌，则告知服务员“这份不加香菜”等；用餐时，及时为对方添茶或倒饮料，将对方爱吃的菜转到其前面；交谈时用心倾听，将话题引到对方感兴趣的方面，避免打断或直接否定对方观点；注意环境调节，若对方怕冷，聚会时提前调高空调温度，若其喜欢安静，选座避开嘈杂区域。

2. 用心顾及他人的感受

与人交往中，不嘲讽对方喜好，如穿搭风格、兴趣；不强行争论观点；当他人被调侃或冷落时，应主动关心并为其解围，如转移话题、用自嘲化解尴尬，或陪落单者聊天，这种“雪中送炭”往往比锦上添花更令人感动和难忘；收到他人送的礼物一定要真诚致谢，用心对待。

3. 公众场合多体谅他人

在公众场合应为他人着想，体谅、尊重他人。如：自觉遵守秩序，不插队、不拥挤；在排队、乘坐电梯等场景中，与他人保持适当的身体距离；不做出脱鞋、脚踩座椅等不文明的动作；避免高声说话或将手机、平板电脑音量调高外放；路过有门的地方，替后面的人扶一下或掀一下门帘；注意个人

卫生，不在禁吃食物的场所吃东西；主动为他人提供帮助和便利；当他人情绪不佳时，不过多打扰，如在医院等场所看到他人面露悲伤，要给予理解；入住酒店退房时整理好房间物品，保持床铺整洁。

4. 尊重他人的劳动成果

要尊重别人的劳动成果，如：在食堂用餐后主动将餐具放到指定区域；签收外卖或快递时真诚道谢；使用公共设施后及时归位，将图书馆取阅的书籍放回原位、将共享单车停放在指定地点；看到环卫工人清扫落叶，主动绕行避免踩踏，不向车窗外扔垃圾。

5. 回报对方给予的帮助

在获得别人的帮助时要真诚道谢，并回报对方以表达自己的心意，比如别人帮你解决了一些工作问题，可以送点小礼物表示感谢。

总之，礼仪渗透于人们日常生活中的各个方面，每一个劳动者都应具备良好的礼仪修养。技工院校学生是建设祖国的后备军，应努力遵守礼仪原则，掌握礼仪规范，提高礼仪修养和人际交往能力，为今后走上职场，实现技能成才、技能报国做好准备。

思考练习

1. 简述礼仪的作用和原则。
2. 列举两三个生活和学习中你给别人带来温暖的礼仪细节。

课后训练

客人为什么又留下了

雨夜，机场附近某酒店的大厅很热闹，服务人员正紧张有序地为一批因飞机延误的客人办理入住手续，在大厅的休息处还坐着五六位散客等待办理入住。这时，又有一批因飞机延误的客人涌入大厅。大堂经理小刘密切注视着大厅内的情况。

“您好，我们打算住到市中心的酒店去，您能帮我们叫辆出租车吗？我们的手机快没电了。”两位客人走到小刘面前说。

“先生，都这么晚了，天气又不好，现在到市中心去恐怕不大方便。”小刘想挽留客人。

“从这儿打出租车到市中心不会花很长时间吧？我们刚联系过了，房间都订好了。”客人看起来态度很坚决。

“既然这样，我们马上为您叫车。”小刘彬彬有礼地回答道。她立刻叫来行李员小秦，让他快去叫车，并对客人说：“我们酒店位置比较偏，可能需要两位先生等一下，两位不妨先到大厅休息处等候。这是充电宝，请先用着。”接着，她又为客人端上热茶。

天已经很黑了，行李员小秦站在路边等车，但出租车始终没来。客人等得有些焦急，不时站起身向外张望。小刘安慰他们说：“今天天气不好，不太容易叫到出租车，但我们会尽力而为的。请再等一会儿，如果叫到车，我会立即通知您二位。”

又过了十五分钟，车还是没到。其中一位客人走出酒店，看到在门口站了半个多小时的小秦，对他说：“我们不去了，你们服务这么好，我们就住这里了，真是辛苦你了！”同行的客人也赶了过来，一起将小秦拉进大厅，又对小秦和小刘连声道谢，愉快地到前台办理了入住手续。

感悟：

小刘和小秦明知两位向他们寻求帮助的客人不愿在自己工作的酒店入住，但还是非常积极热情地为他们服务。无论客人是否入住酒店，小刘、小秦都用真诚有礼、热情周到的服务体现了自己的专业素质，也展示了自己所在酒店的良好形象，深深地打动了客人，赢得了他们的信任，也为酒店赢得了客源。

小刘和小秦的哪些细节打动了客人呢？

行动：

行为心理学中有一个“21 天效应”，即新习惯的养成并得以巩固需要 21 天。让我们闭上眼睛憧憬一下：只要用 3 周就可以养成几个好习惯，6 周后，因为我们的改变，周围的人对我们的印象也会有所改变，一个学期之后，我们的生活状态和精神面貌就会和现在截然不同。

请在表格中列出自己符合礼仪修养的好习惯，如“我每天都会微笑着主动和他人打招呼”“我每天都穿戴得整洁得体”“获得他人的帮助时，我总会真诚道谢”“我从不随地吐痰、乱扔垃圾”“我从不闯红灯”“乘坐公交车时，我会为老幼病残孕乘客主动让座”等，并列出自己想要养成的新习惯，坚持21天！请在“点滴感悟”栏内写下自己的感受。

我的好习惯	点滴感悟			
	你坚持这个习惯多久了？	养成这个好习惯难吗？	有人感谢或赞美你吗？	听到别人的感谢或赞美，你感觉如何？
1.				
2.				
3.				
4.				
5.				

我的小目标	点滴感悟			
	1~7天	8~14天	15~21天	21天后
1.		有人发现你的改变吗？		
2.	请给21天后的自己留言：			请给第1天的自己留言：
3.			还要继续吗？	
4.				你还想坚持多久？

形象礼仪篇

曾有一项社会调查：身着笔挺军装的军官，手捧文件夹的学者，妆容精致的时尚女孩，以及发型怪异、衣着邋遢的男青年，分别在马路边请求搭车，如果您驾车经过，会优先为谁停下车呢？调查显示，“发型怪异、衣着邋遢的男青年”最不易获得帮助。

在生活中保持端庄得体的仪表、落落大方的良好形象，既是对自我与他人的尊重，又能为他人带来审美愉悦，并给人留下难忘的第一印象，有助于建立积极的社会关系和树立良好的职业形象。

形象指人的外表，包括容貌、姿态、风度等给别人的总体印象，是一个人的道德修养、文化水平、审美情趣、文明程度的外在表现。

模块一　仪表礼仪·淡妆浓抹应相宜

仪表一般指人的外表，是一个人的整体形象和精神风貌的外在表现。仪表涵盖人的服饰、个人卫生和姿态等多个方面，是一个综合性的概念，更侧重于展现一个人的整体形象和精神风貌。

与人交往，仪容仪表是传达给接触对象最直接、最生动的第一信息，同学们应时时注重仪表礼仪，展示自己美好的形象。青年学生仪容仪表修饰要求可参考下表。

部位	仪表修饰要求
面部	每天早晚洗脸；根据肤质特点选用合适的洗面用品清洁面部，选择合适的护肤品进行面部护理，天热时及时用手帕或纸巾擦去脸上的汗水；不在人前揪胡须、拔鼻毛、抠鼻孔等
嘴部	每天早晚刷牙，饭后漱口，保持口气清新；进餐时避免发出咀嚼声，不当众剔牙；交谈时避免唾沫横飞；在正式场合，不吃有刺激性气味的食物，不嚼口香糖；不对着人打哈欠、打喷嚏

续表

部位	仪表修饰要求
耳部	每天早晚洗脸时注意将耳部清洗干净，不在人前掏耳朵
头发	勤洗头，保持头发干净，无头皮屑，根据发质特点选择合适的洗发、护发用品；头发梳理整齐，发型大方得体；不染色、不烫发，刘海儿长度不超过眉毛；男生头发不长过耳朵，鬓角不超过耳部上方
手部	勤洗手，洗手后可涂抹护手霜；指甲要清洁干净，剪短并修剪整齐；不涂指甲油；不在人前修剪指甲、摆弄手指，或用牙签等剔指甲油
身体	勤洗澡，勤换内衣，身上无异味；不可文身

礼析启思

案例 1:

英语口语表达能力、形象气质俱佳的小方经过各方考核，获得了为本地国际文化节担任翻译工作的机会，作为学生志愿者协助外宾交流。活动中场休息时，文化节主办方突然要求立即更换翻译，理由是小方同学在翻译时，总会将长发甩来甩去，导致大家认为她更关注自己的仪容而不是翻译职责，影响了交流的专业性和专注度。

点评:

在正式场合，女性的头发不宜披肩，长发宜绑紧、梳理整齐，小方同学作为学生志愿者，在翻译工作中披散着长发，甩动长发时影响到了他人。

讨论:

如果你是小方，你会怎样对待主办方提出的要求呢?

案例 2:

小陈是烹饪（中西式面点）专业技师班学生，在学校技能节的烘焙创新大赛中，小陈和所在团队的队友们精心制作了航天科技主题的多层慕斯蛋糕“星轨慕斯”：五层结构对应金木水火土行星，表面淋面用可食用材料绘制北斗七星轨迹，象征我国的北斗导航系统覆盖全球，寓意航天探索永不止步。评委们一致认为：“蛋糕层次丰富、创意十足、寓意深刻；工艺精良，外观精美；品尝起来，口感醇厚绵密……”小陈和队友们十分开心，但最终他们的作品仅获得了二等奖。原来，评委们认为小陈同学的卫生意识不强："在操作时碎发多次接近原料，且指甲过长；在创意展示环节中，工作服袖口糖渍未清理。"小陈懊悔不已，深感对不起队友们。

点评：

在慕斯蛋糕的制作和展示过程中，小陈的碎发多次接近原料，指甲过长，工作服袖口糖渍未清理，这些都严重违反了食品制作的卫生规范，给食品的卫生安全带来极大隐患。可见小陈的卫生意识淡薄、职业素养不足、职业形象欠佳，没有将卫生规范和职业要求内化为自己的行为准则。

一名专业的烘焙人员，不仅要有精湛的技艺，更需要具备良好的职业素养和规范意识，小陈在这方面还有很大的提升空间。

讨论：

在平时学习或实训中，班级里同学在仪容仪表方面有哪些值得你学习借鉴的地方？

模块二　服饰礼仪·衣着搭配要协调

服饰反映了一个人文化素质的高低，体现了一个人对他人、对社会的态度，也是个人审美能力、创造力和自信心的完美体现。具体说来，服饰既要自然得体、协调大方，又要遵守某种约定俗成的规范或原则，不仅要与自身条件相适应，还必须时刻注意客观环境、场合对人的着装要求。

一、选择服饰的原则

我们在选择着装搭配时应当注重时间（Time）、地点（Place）和场合（Occasion）这三个客观因素，即 TPO 原则。爱美之心人皆有之，不合时宜的装束，不但不能达到装扮自己的目的，而且会降低周围人对自己的印象分。

无论在什么场合，同学们所穿服装一定要干净整洁，不能脏兮兮、皱巴巴，甚至有破损，衣领、衣袖要翻好，纽扣要扣好。

（一）校园生活

同学们处在求学阶段，在校园中服饰的选择应以朴素大方、简约整洁为宜，不可穿奇装异服，不能穿背心、吊带衫、拖鞋、高跟鞋等，也不必追求新潮，更不要一味追求名牌。如果佩戴校徽和团徽，应端正地佩戴在上衣的左胸处，且团徽在上、校徽在下。

（二）休闲娱乐

在学习、工作之余的休闲时间，包括居家休息、晚间散步、健身运动、游览观光、商场购物、看电影、看体育比赛或演唱会等，我们的着装应突出舒适自然的风格。我们可以选择运动服、休闲装等，这样会透出轻松自然之感。外出穿着一定要得体，穿着睡衣、睡裤外出散步、购物，穿着西装、打着领带去钓鱼，或穿着西服套裙、皮鞋去爬山等都是不适宜的。

（三）未来职场

工作时间要根据身份特点、工作性质等选择合适的服饰。工作场所的着装要根据不同职业特点进行选择，总体上以恰如其分、端庄大方为原则，体现出自己良好的气质和涵养，不可浓妆艳抹、衣饰华丽，也不可蓬头垢面、衣饰邋遢。同学们到企业实习或刚离开校园参加工作时，更要注重自己的着装，要力求端庄、大方、得体，既不能显得太稚气，也不能穿得太前卫，不要穿印有卡通图案的T恤、背心、牛仔短裤、超短裙、凉拖等。

如果单位要求统一穿工作服，应该按要求着装，并要保持工作服干净整洁。

对于职场人士来说，晚间的公务宴会等正式社交活动较多。这类场合的着装要正式一些，礼仪要求也更严格一些，以体现高雅大方的形象。男士可穿深色西服，女士着装要端庄雅致，以裙装礼服为宜。

礼析启思

案例1:

小姚同学在市创科科技公司工学交替期间，工作积极认真，表现不错，被安排参与公司新品发布会的媒体支持工作。由于天气炎热，发布会当天，小姚身穿白T恤、破洞牛仔短裤和运动鞋，早早就来到现场。在会场入口，行政主管将其拦下："今天是商务发布会，你的着装不符合入场要求。"小姚解释："我是见习生，只是负责后台设备调试。"并出示实习工牌，但主管坚持拒绝："技术岗也需要保持良好的职业形象，你代表公司形象。"最终小姚匆匆回家更换着装，幸好在发布会开始前15分钟赶回了现场，在自己的岗位上就位，顺利完成了所承担的工作任务。

点评:

小姚身为公司见习生，应该知道参加公司新品发布会是一件非常重要而严肃的事情，要选择正式的着装。在这样的场合，即使不需要穿正式的西服套装，也应该选择庄重得体的着装，小姚一开始穿着的T恤、破洞牛仔短裤及运动鞋显然过于休闲。

讨论：

如果你是小姚，参加公司的新品发布会时，你会选择怎样的着装呢？

案例 2：

一家公司的女工程师们离开总部到分公司工作时，工作效率降低了，原因是一些分公司负责人对她们的能力表示怀疑，轻视了她们。为此，公司委托一位服装专家以 13 位来自 7 个不同地区女工程师的职业装为素材，为她们设计了几种裙式套装，并在配色上突出她们的特征，以增强人们对她们的信任感。女工程师们一律穿灰色或蓝色裙式套装，配以合适的鞋子。半年后，她们得到高级管理人员的认可，在分公司的工作效率明显提高了，许多女职员也开始模仿她们的衣着。

点评：

虽然身着具有女性特质的裙装，但是设计师在款式、色彩等设计风格上融合了职业的因素，通过服装来体现职业女性的气质，塑造她们在职场上“巾帼不让须眉”的形象，从而增强了人们对她们的信任，提高了工作效率。

讨论：

你见过哪些着职业装的上班族？他们给你留下了怎样的印象？

（四）四季变化

一年四季的变化是大自然的规律，同学们在着装时应遵循这一规律，做到冬暖夏凉、春秋适宜。夏季着装宜清爽、简洁，不要衣着过于暴露或过于薄透，男生不能在人前赤膊。冬季应以保暖、轻便为着装原则，既要避免着装过厚而显得臃肿不堪、形体笨拙，也要避免为了形体美而着装太单薄。春秋两季的着装总体上以轻便灵活、薄厚适宜为佳。

二、服装的色彩选择

明代学者卫泳论及服装的色彩时，有云：“春服宜倩，夏服宜爽，秋服宜雅，冬服宜艳。见客宜庄服，远行宜淡服，花下宜素服，对雪宜丽服。”色彩是服装留给人们记忆最深的印象之一，在很大程度上也是人们着装成败的关键。所以，在服装色彩的选择上既要考虑个性、爱好、季节，又要兼顾当下时尚和所处的场合。衣着颜色一般不超过三种。在服装的色彩选择上要想取得成功，最重要的是掌握以下几个方面。

（一）色彩的特性

1. 色彩的冷暖

人们根据色彩的不同把色彩分为暖色和冷色。使人产生温暖、热烈、兴奋之感的色彩叫暖色，如红色、橙色等。使人有寒冷、抑制、平静之感的色彩叫冷色，如蓝色、黑色、灰色。可根据不同的场合来选择衣着颜色，如欢快热闹、轻松喜庆的场合以及背景是冷色的环境下比较适合穿暖色，而安适恬静、庄重肃穆的场合宜穿冷色。

2. 色彩的轻重

色彩明暗变化的程度称为明度。不同明度的色彩轻重感不同。色彩浅，明度强，有上升和轻松的感觉；色彩深，明度弱，有下沉和厚重的感觉。我们平日的着装，通常讲究上浅下深。

3. 色彩的缩扩

色彩不同，给人收缩或扩张的感觉也有所不同。一般来讲，冷色、深色属收缩色，暖色、浅色则为扩张色。运用恰当，二者皆可使人在形体方面扬长避短，运用不当则会使人在形体上缺点尽显。皮肤偏黑的人尽量少穿黑色、深咖色套装；腿较粗的女生穿颜色稍深的收缩色丝袜显得苗条。有研究表明，明快、温暖的色彩容易让自己和他人感到愉快，也使自己更加自信，有的同学着装和装饰的出发点就是“我要酷”，所以他们经常选用冷色调来张扬个性，引人注意。其实，同学们正处于青春花季，服装的选择以色彩温暖、线条流畅、明快简洁为佳，阳光大方的着装更能体现清新自然的健康之美和朝气蓬勃的精神面貌。

（二）色彩的搭配

1. 统一法

配色时采用同一色系中各种明度不同的色彩，按照深浅不同的程度进行搭配，以便创造出和谐感。如果穿西服选择灰色系，可以由外向内逐渐变浅，如深灰色西服配浅灰底花纹的领带和浅灰色衬衣（或白色衬衣）。这种方法适用于工作场合或庄重的社交场合。

2. 对比法

配色时运用如冷暖、轻重等两种特性相反的色彩进行组合，以使着装在色彩上产生强烈反差，静中求动，突出个性。但要注意的是，运用对比法时忌讳全身的上二分之一与下二分之一对比，这会给人拦腰截断的感觉。找到黄金分割点，即穿衬衣时从上往下第四粒扣子与第五粒扣子之间的位置，以这个位置为分界点进行颜色对比才有美感。

3. 呼应法

配色时，在某些相关部位刻意采用同一色彩，以使其遥相呼应，产生美感。如穿西服的男士在正式场合中，其公文包、腰带、皮鞋的色彩相同，即符合西装穿着的“三一定律”。

（三）正装的色彩

非正式场合所穿的便装对色彩的要求不高，但正式场合穿的服装色彩却有规律可循。

1. 三色原则

这是选择正装色彩的基本原则。要求正装的色彩在总体上应以少为宜，最好控制在三种色彩之内，以保持正装庄重的总体风格，突出简洁、和谐。

2. 基本色彩

正装的色彩一般应为单色、深色，并且应当没有图案，这样显得庄重。男士标准的正装色彩是蓝色、灰色、棕色、黑色，衬衣的色彩多为白色，皮鞋、袜子、公文包的色彩宜为深色（黑色最为常见）。

三、服装的款式选择

服装的款式指的是服装的种类、样式。它不仅与着装者的年龄、性别、形体、职业、偏好及流行趋势有关，而且深受文化、习俗、道德规范等影响。

选择服装款式要使之合乎身份、塑造形象，并对对方不失敬意。选择服装款式时应注意应己原则和应制原则。

（一）应己原则

着装前首先应考虑自身特点，以扬长避短为原则，根据自己的体形选择最合适的服装款式。

根据人体的体型，服装可分为五种造型（见下表），每个人要了解自己的体型，才能选出最适合自己的款式。例如，身体偏胖不要穿横条纹、紧身的服装；身材瘦高不宜穿竖条纹的服装；脖子短则不要穿高领衣，可以选穿V型领的衣服等。

服装造型	图示	适合对象
A型		上紧下松，适合上身有优势、下身没优势的人
Y型	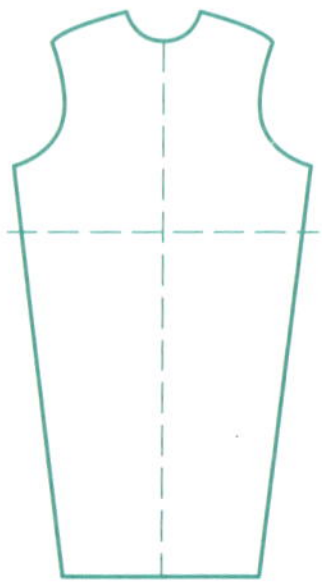	上松下紧，适合上身没优势、下身有优势的人
X型	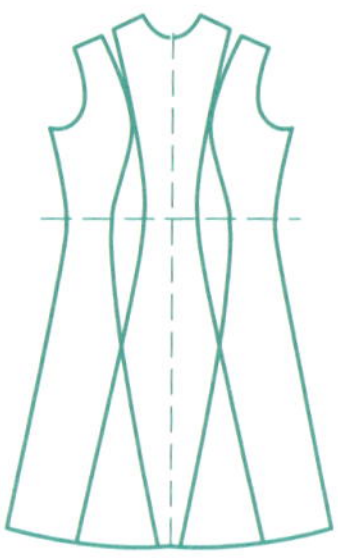	上下宽松、卡腰，如收腰服等，适合上下身无明显优势、腰细的人
H型	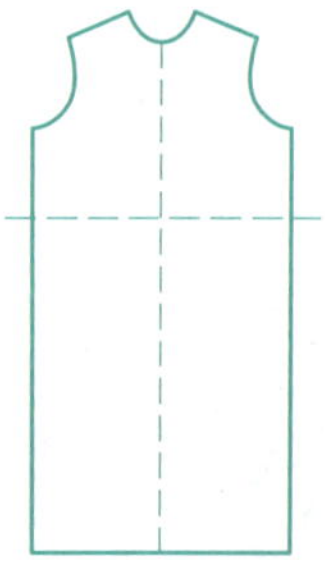	筒型，上下一样宽，适合上下身比较匀称或身材苗条的人

续表

服装造型	图示	适合对象
O 型	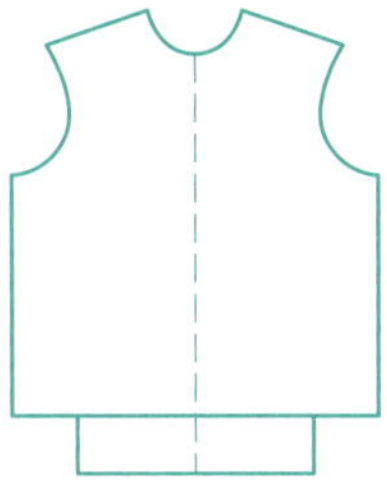	上下都非常宽松，适合体形偏胖的人

（二）应制原则

着装要遵守服装应有的规则和穿法。穿中山装，要注意上衣风纪扣和衣服上的其他扣子务必扣上，口袋里不放杂物，配擦亮的皮鞋。穿西装落座后，可将西装最下排的扣子解开，站起来后，特别是面对他人时，应当将西装上衣衣扣系好（若非单排一粒扣西装，通常不系最下面一粒扣子）。打领带时注意领带结大小要与衬衫衣领大小成正比等。

温馨贴士

鞋袜的选择与穿戴

鞋子和袜子被称作“脚部时装”和“腿部时装”。

一双得体的鞋子不仅能映衬出服装的整体美，还能增加人体本身的挺拔俊美，能为全身的服装添色增辉。一般来说，庄重肃穆的场合不能穿拖鞋、露脚趾的皮凉鞋；穿西装时不能穿旅游鞋、布鞋；鞋的颜色与衣服的下摆一致或更深一些，这样能使人的身材显得高挑。

在正式场合，不能赤足穿鞋。女性应穿肉色或浅色的长丝袜或连袜裤，长袜的长度一定要高于裙子下摆，以免走动时露出丝袜边缘，显得不雅观。

四、饰品的选择与佩戴

饰品指的是人们在穿着打扮时使用的装饰物，是整体装束中不可或缺的一部分，可在服饰中起到烘托主题和画龙点睛的作用。饰品包括两大类：一是以实用性为主的饰品，如帽子、领带、围巾、手表、手环、腰带、手提包、公文包、太阳镜等；二是以装饰性为主的饰品，如项链、戒指、耳环、手镯、手链等。

（一）饰品佩戴原则

饰品佩戴的总体原则是让自己的整体装扮显得更有品位。与选择服装一样，饰品的选择和搭配也应该遵守一定的原则，具体有以下几点。

（1）应当遵从有关传统和习惯，佩戴饰品应避免标新立异。

（2）宁缺毋滥，不要戴粗制滥造的饰品。在正式场合不戴首饰是可以的，戴就要戴质地、做工俱佳的饰品，否则会降低自己的品位。

（3）注意场合，恰到好处，上学时不戴饰品。在交际应酬时，佩戴饰品最多不要超过三件。

（4）考虑性别因素。女士可以戴各种首饰，男士一般戴手表、戒指等。

（5）突出个性，不要盲目模仿他人。如嘴大、鼻梁高、眼窝深的女性，戴一副大耳环更显漂亮，而樱桃小嘴的女性则适合戴小耳环，显得小巧温柔；脸大可以戴镜片大一些的太阳镜，脸小则适合戴镜片小一些的太阳镜。

（6）扬长避短，显优藏拙。如脖子短的人，不宜戴锁骨链，而应戴细长的项链，从视觉上将颈部拉长；个子矮的人，不宜戴长围巾，否则会显得更加矮小。

（二）实用性饰品佩戴原则

选择帽子要考虑款式，更要注意色彩、大小、高低与自己的肤色、体型、身材的关系。脸长不宜戴高帽子，脸尖宜戴圆帽子，脸圆宜戴棒球帽；高个子可戴宽檐帽，矮个子可戴高筒帽；皮肤较黑不宜戴深色帽子，肤色发黄最好戴深红、咖啡色的帽子。

休闲场合帽子可以歪戴，以显得活泼、俏皮、洒脱；与人握手、鞠躬时要把帽子摘下；在室内最好不要戴帽子。

（三）装饰性饰品佩戴原则

金项链、珍珠项链可与大部分颜色的服装相配，给人以华美的总体印象，但如果与衣装颜色过于接近会因混于一色而不易分辨，从而失去装饰的功能；细小的金项链与无领的连衣裙相配显得清秀，如果挂在厚实的高领衣装外，则会给人局促的印象；矮胖圆脸的人，佩戴长及胸部的项链，可使人感到增加了身高，加长了脸型；脖子细长的人，则宜佩戴贴颈的短项链；穿着较厚毛衣可佩戴珠宝项链或挂件。

此外，衣着的质料、颜色、样式及场合也常常影响着各种质地、造型的项链的佩戴。纯白色的耳环和金银耳环可配大部分衣服；珍珠耳环宜配以深色高档礼服；脸长，特别是下颌较尖的脸型应佩戴面积较大的扣式耳环，可以使脸部显得圆润丰满；脸型较宽的方脸，宜佩戴小耳环；色彩鲜艳的耳环宜配以鲜艳的衣装。

戒指通常戴在左手上。一般来说，戴在食指上，表示尚未恋爱；戴在中指上，表示已有意中人，正在恋爱；戴在无名指上，表示已正式订婚或已结婚；戴在小指上，表示暂不婚恋。一只手上只戴一枚戒指，戴两枚或两枚以上，在很多正式场合是不适宜的。

手表、手链等饰品佩戴松紧要适宜，若太紧会令自己感觉不舒服，太松则挥舞手臂时可能脱落。

总之，爱美之心人皆有之，穿着得体不仅能赢得别人的好感，给人以良好的印象，而且能不断提升自己的信心，使自己充分享受生活的乐趣。我们在实际生活中要通过反复观察比较，找到适合自己的、能完整表现自己健康美、气质美的着装风格。

礼析启思

案例：

屠呦呦是首位获得诺贝尔科学奖的中国人，是抗疟新药青蒿素的第一发明人。这一发明挽救了全世界数百万人的生命。

2015 年 12 月 10 日晚，一年一度的诺贝尔奖颁奖典礼在瑞典斯德哥尔摩音乐厅举行，中国科学家屠呦呦获得了 2015 年诺贝尔生理学或医学奖。屠呦呦身穿中国风紫色丝质套装裙，胸前点缀着一枚闪亮的紫罗兰宝石胸针。这枚胸针融合了凤凰的尾翼、蝙蝠的翅膀等中国传统吉祥图案以及黄花蒿元素，其最精妙之处是图案里还融入了屠呦呦名字的汉语拼音首字母 TYY。屠呦呦从瑞典国王手中接过诺贝尔奖奖章和证书时，全场响起热烈的掌声。

点评：

诺贝尔颁奖典礼的主办方对参加诺贝尔颁奖典礼嘉宾的着装有着明确的要求：男士要穿正装、燕尾服并且佩戴白色的领结，女士要穿长礼服。屠呦呦的着装端庄大方，优雅得体，她神采奕奕，尽显东方神韵。她佩戴的有黄花蒿元素的胸针寓意深刻、简约别致，十分亮眼，呼应了她和她带领的团队发现的抗疟药物青蒿素，起到了很好的点缀效果和烘托作用。

讨论：

某技工院校幼教专业学生小路在彩虹幼儿园实习，春季幼儿园家长开放日那天正是立春，幼儿园组织师生开展“非遗进校园”主题活动，小路应如何选择着装，才能契合活动的主题、吸引孩子们参与，在既体现文化传承的同时，又符合幼师身份和安全规范要求呢？

模块三　体态礼仪·举止得体有气质

体态即姿态和举止，在很大程度上反映一个人的素质、受教育程度及能够被别人信任的程度。大方得体的体态往往能给人留下深刻的印象。

“站如松，行如风，坐如钟，卧如弓。”这是古人对体态美的形象概括。在人际交往中，我们要注意自己的行为举止，用恰当的站姿、坐姿、步姿和蹲姿等，使自己成为举止优雅的人。

一、站姿礼仪

优美的站姿能显示自信，衬托出良好的气质和风度，给他人留下美好的印象。

站姿

（一）站姿的基本要领

站姿的基本要求是正和直，其基本要领如下：

1. 头正

抬头，双目平视，面带微笑，精神饱满。

2. 肩平

双肩放平，稍向下沉，身体有向上的感觉，呼吸自然。

3. 臂直

双臂放松，自然下垂于体侧，手指自然弯曲。

4. 躯挺

躯干挺直，挺胸，收腹，提臀。

5. 腿并

双腿并拢立直，脚跟靠紧，脚尖分开，身体重心在两脚中间。男生脚一般开立，两脚之间距离与肩同宽；女生脚位呈“丁字步”，前面的一只脚脚后跟靠在后面脚的脚窝处，两脚之间成 45 度夹角，男生应站得刚毅挺拔，女生应站得亭亭玉立。

站累时，脚可以向后撤半步，但上身仍应保持正直，不可把脚向前或向后伸得过多或叉开很大。

（二）常见的站姿

1. 一位站姿（也称标准式或侧放式）

双手自然垂直于身体两侧，脚跟靠紧，两脚分开呈“V”形。

2. 二位站姿（也称前腹式）

双手自然并拢，右手搭在左手上，轻贴于腹前，女生脚位呈“丁字步”，男生两脚开立与肩同宽。

一位站姿

二位站姿

3. 三位站姿（也称后背式或背后交叉式）

多用于男生，双手在身后交叉，左手搭在右手上，贴于腰部，双脚开立与肩同宽。

4. 四位站姿

一手放于身前或身后，一手垂放于体侧，女生脚位呈“丁字步”，男生两脚开立与肩同宽。

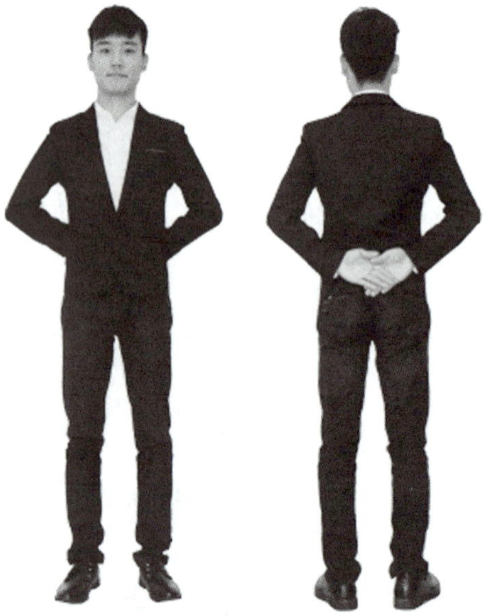

三位站姿

四位站姿

温馨贴士

站姿禁忌

1. 东倒西歪，无精打采，懒散地倚靠在墙上、桌子边上。
2. 低头、歪脖、含胸、端肩、驼背。
3. 将身体的重心明显地移到一侧，只用一条腿支撑着身体。
4. 下意识地做小动作。
5. 手揣在裤兜里，或双手交叉抱在胸前，或双手叉腰。
6. 男生双脚左右开立时，两脚之间的距离过大，挺腹或翘臀。
7. 两腿交叉站立。

课堂活动

1. 两人背靠背站立：脚跟、小腿肚、臀部、双肩和后脑勺贴紧，为加强效果可以在五个触点夹上小卡片。

2. 背靠墙站立：将脚跟、小腿肚、臀部、双肩和后脑勺与墙壁靠紧。

3. 头顶书本站立：下巴向内收，颈部自然挺直，上身挺直，目光平视，面带微笑，把书本放在头顶中心，使书本不要掉下来，头、躯干保持平衡。

4. 对镜或面对面站立：面对镜子或面对同学，选取自己喜欢的站姿进行训练，仔细检查自己的站姿及整体形象，或请同学纠正。

以上训练可配音乐进行。

背靠背站立

面对面头顶书本站立

二、坐姿礼仪

坐姿的基本要求是端正。优雅的坐姿传递着自信、友好、热情的信息，同时也显示出高雅端庄的良好风范。

（一）坐姿的基本要领

头正，嘴角微闭，下颌微收，双目平视，面容平和自然。上身自然挺直，挺胸，不要左右摇晃。双肩平整放松，双臂自然弯曲，双手自然放在双腿或椅子、沙发扶手上，掌心朝下。双膝自然并拢，双腿自然弯曲。坐椅面的2/3。

（二）常见的坐姿

1. 标准式坐姿

双腿自然弯曲，小腿垂直于地面，双手分放在两膝或椅子扶手上。女生两脚保持小“丁字步”或双脚并拢着地；男生两脚分开一拳宽，两脚平行朝前。

标准式坐姿

2. 前伸式坐姿

在标准式的基础上，女生两脚向前伸出一脚的距离，男生右脚向前伸出半脚。脚尖不要翘起。前伸式适用于与人面对面交谈，故身体应略前倾，表示对对方的尊重。

3. 前交叉式坐姿

一脚置于另一脚前，两踝关节处交叉，双脚脚尖着地。女生双膝并拢，男生双膝自然分开。

4. 后点式坐姿

女生两小腿后屈，脚尖着地，双膝并拢，与标准式相似；男生则两脚并拢，小腿向后屈回，脚掌撑地。

5. 重叠式坐姿

在标准式坐姿的基础上，一条腿垂直于地面，另一条腿在其上重叠，重叠腿向里收，并贴住垂直腿，重叠腿的脚尖向下。

6. **曲直式坐姿**

仅限于女生。右脚前伸，左小腿屈回，双膝并拢，左脚前脚掌着地，两脚前后在一条直线上。

前交叉式坐姿

后点式坐姿

重叠式坐姿

曲直式坐姿

7. **侧点式坐姿**

仅限于女生，有右侧点式和左侧点式两种。采用右侧点式坐姿时，两小腿向右斜出，双膝并拢，右脚跟靠拢左脚内侧，右脚掌着地，左脚尖着地。采用左侧点式时，双腿的放置方向正好相反。

8. **侧挂式坐姿**

仅限于女生，有右侧挂式和左侧挂式两种。右侧挂式在右侧点式的基础上，右小腿后屈，脚绷直，脚掌内侧着地，左腿提起架在右腿上，用脚面贴住右踝，两小腿并拢，上身保持正直。采用左侧挂式坐姿时，双腿的放置方向正好相反。

侧点式坐姿

侧挂式坐姿

（三）公共场所的入座要求

1. **入场时**

同学们进入公共场所就座时，首先要自然大方、有秩序地入场，按组织者指示的位置落座。如果附近坐着熟人，应该主动打招呼；如不认识，可点头微笑。若是气氛严肃或庄重的场合，则不要东张西望，不要寒暄，不要随便换位。如有特殊情况，可举手示意组织者，经允许后可低声交流，以不扰乱场所秩序为度。

2. **入座时**

入座时应当轻而稳，走到离座位约 10 厘米处缓慢转身，单脚向后收半步，找稳重心再落座，落座后两脚并齐。和客人一起入座时，先请对方入座。

女生穿裙装落座时应在站立的姿态上，腿靠近椅子时坐下。如果衣领较低，应一手放于胸前避免走光，一手将裙子后片向前拢，再轻轻坐下。

男生落座时膝部可以分开一些，但不要超过肩宽，也不能两腿叉开半躺在椅子上。

3. 入座后

听他人讲话时，上身稍向前倾，与对方保持适当的眼神交流并适当做出回应。久坐疲劳时可以靠在沙发或椅背上略微休息，但不可将脚伸出过远，不要半躺半坐或伏在桌子上。

4. 离座时

离座时要自然，身边如果有人在座，应该先用语言或动作向对方示意，声音要轻，动作要小。离座时单脚向后收半步，找好重心再起身。起身时幅度不要太大，不要碰翻桌上的物品。

温馨贴士

坐姿禁忌

1. 手乱放，或是双肘支在面前的桌子上，或将手夹在两腿间。
2. 上身向前趴伏在桌上或自己的大腿上。
3. 双手抱腿。
4. 腿叉开角度过大。
5. 架腿方式欠妥，把一条小腿架在另一条大腿上，两腿之间空隙过大。
6. 双腿直伸出去。
7. 盘坐在座椅上。
8. 抖腿。
9. 脚蹬踏其他物品。

课堂活动

配音乐进行坐姿训练。

1. 两人面对面练习：进行各种坐姿的训练，互相检查，指出对方的不足。
2. 对镜训练：坐在镜子前面，按照坐姿的要求进行自我纠正。

三、步姿礼仪

步姿是人体呈现出的一种动态姿势，是站姿的延续，是身体动态美的重要形式，标准的步姿要以端正的站姿为基础。人行走时应如行云流水，有一种轻快、自然、流畅之美。良好的步姿可体现个人的精、气、神。

（一）步姿的基本要领

1. 头正

双目平视，精神饱满，面带微笑。

2. 肩平

双肩平衡，自然摆动，摆动时与双腿距离不超过一拳。

3. 躯挺

上身挺直，立腰收腹，身体重心稍前倾。

4. 步位直

脚跟先接触地面，依靠后腿将身体重心送到前脚掌，使身体前移。两脚落地后的轨迹呈直线。

5. 步幅适度

人在走或跑时，同一脚掌两次着地时间隔的距离为步幅。行走时步幅应适度。

6. 步速平稳

行进中步伐要轻盈，速度应保持均匀、平缓，不要忽快忽慢。

7. 有节奏感

行走时脚要离开地面，要走得有节奏感，不能在地上蹭着走。

（二）当众发言或演讲时的步姿要求

1. 走上讲台

当听到主持人介绍自己时，应精神饱满、面带微笑地走上台。走路时要目视前方，昂首挺胸，收腹提臀，上身平稳，步伐矫健有力，双手自然摆动。走上台后选择最适当的位置，一般站在麦克风前，灯光照射下，在每位观众都能看到的位置。如果站立的位置需要调整，应采用单脚移步微调的方式。

有心理学家研究表明，观众在开始的 7 秒钟内就能对发言者或演讲者做出判断，有经验的演说家、表演艺术家往往很重视走上台的那一瞬间，力求走得有风度、有神韵，给观众留下良好的印象。

2. 敬礼问候

面向观众站好后，环视全场，微笑着用目光与观众进行交流，再以诚恳恭敬的态度向观众鞠躬，也可先称呼后行礼，鞠躬以45度为宜。接着介绍姓名、发言的主题（或演讲的标题）。

3. 走下讲台

发言完毕，微笑着向观众说："我的发言（或演讲）结束了，谢谢大家！"鞠躬后稳步走下讲台。

温馨贴士

步姿禁忌

1. 方向不定，忽左忽右。
2. 体位失当，摇头、晃肩、扭臀。
3. 左顾右盼，重心后倾或前移。
4. 双手反背于身后。
5. 低头、含胸、驼背。
6. 双手插入裤兜。
7. 与多人走路时，或勾肩搭背，或奔跑蹦跳，或大声喊叫等。

课堂活动

1. 摆臂训练：身体直立，以肩为轴，双臂前后自然摆动。注意摆动的幅度适当，避免双肩过于僵硬或双臂左右摇摆。

2. 步位步幅训练：在地上画一条直线，行走时检查自己的步位和步幅是否正确。

3. 头顶书训练：将书本放在头顶中心，保持行走时头正、颈直、目不斜视。

4. 协调性训练：行走时应注意掌握好走路的速度、节拍，保持身体平衡，动作协调。

以上训练可配音乐进行，其中协调性训练应配以节奏感较强的音乐。

四、蹲姿礼仪

蹲姿的基本要求是沉稳、大方、美观，下蹲时尽量迅速。

（一）蹲姿的基本要领

下蹲时，两腿合力支撑身体，避免摔倒，双腿靠紧，臀部向下。蹲姿切忌两腿叉开，臀部向后撅起，或是两腿开立下蹲。女生无论采用哪种蹲姿，都要将腿靠紧，臀部向下。如衣领较低，最好一手轻放胸前，以免走光。

（二）常见的蹲姿

1. 交叉式蹲姿

交叉式蹲姿通常适用于女生，尤其是穿短裙的女生。它的特点是蹲下后两腿交叉在一起，姿势优雅。

交叉式蹲姿的要领：右脚在前左脚在后站立；右小腿垂直于地面，全脚着地；左膝由后面伸向右侧，左脚跟抬起，脚掌着地；两腿靠紧，合力支撑身体下蹲。臀部向下，上身稍前倾。也可相反，左脚在前，右脚在后。

2. 高低式蹲姿

右脚在前，左脚稍后，两腿靠紧向下蹲。右脚全脚着地，小腿基本垂直于地面，左脚脚跟提起，脚掌着地。左膝低于右膝，臀部向下，左腿支撑身体。也可相反，左脚在前，右脚在后。男士两腿可适当分开。

交叉式蹲姿

高低式蹲姿

温馨贴士

蹲姿禁忌

1. 离人过近。
2. 方位失当（忌正对或背对他人）。
3. 毫无顾忌，随意蹲下。
4. 双腿叉开，蹲着休息。

课堂活动

完成以下情景再现，说说上台展示的同学的蹲姿是否得体。

1. 体育课上，老师组织全班同学进行慢跑热身，你的鞋带松了，停下蹲在队伍旁系鞋带。

2. 快上课了，你手捧课本朝自己的座位走去，匆匆从教室外跑进来的小沙同学不小心撞了你一下，你手中的课本掉到了地上，小沙连忙说“对不起”，弯腰将你的课本拾起递给你。

模块四　表情礼仪·一颦一笑传真情

美国心理学家艾伯特·梅拉比安在一系列的实验基础上得出一个公式：感情的表达 = 语言（7%）+ 音调（38%）+ 表情（55%）。

表情是情绪的外部表现，是人际交往中传递情感和信息的重要方式。它是由脸部的肌肉运动和变化所产生的，包含了丰富的内容，在人与人之间的交往中占有相当重要的位置。一个人的表情主要是通过眼神和微笑体现出来的。

一、眼神

人们常说，眼睛是心灵的窗户。眼神是眼睛的神态，是人们通过眼睛所传达出的包含情感、态度、意图等丰富信息的一种无声语言。换言之，眼神是人们在交往中通过视线接触所传递的信息。

一个人的态度和心情往往会通过眼神自然地流露出来。眼神能在瞬间跨越言语的局限，展现出内心深处最真实的想法与感受。例如：专注的眼神可以表示对对方的尊重和关注，坚定的眼神则能展现出自信和决心，宁静的眼神能带给人沉稳和信任，躲闪的眼神可能暗示着紧张、不自信或者有所隐瞒。

所以，在与人交流时，我们要注重眼神的交流，与对方进行适当的眼神接触，以增强沟通的效果，为自己的社交形象增添魅力。

（一）眼神的组成

眼神主要由瞳孔的变化、注视的时间和视线的位置三个方面组成。

1. 瞳孔的变化

瞳孔的变化指的是视觉接触时瞳孔的放大或缩小。心理学家往往根据瞳孔变化大小的规律来测定一个人对不同事物的兴趣、爱好、动机等。兴奋时，人的瞳孔会扩张到平常的 4 倍大；相反，生气或悲哀时，消极的心情会使瞳孔收缩到很小，眼神必然会暗淡无光。所谓“含情脉脉”“眉目传情”“暗送秋波”“眉开眼笑”“炯炯有神”“怒目而视”“黯然神伤”“目瞪口呆”等，都与瞳孔的变化有关。

可见，眼睛是人体传递信息最有效的器官，它能表达出人们最细微、最精妙的内心情思，从一个人的眼睛中往往能看到他的整个内心世界。

2. 注视的时间

在人际交往中，一个人的目光应是坦然、亲切、和蔼、有神的。目光应注视对方，通常视线接触对方脸部的时间约占交往时间的 1/3 至 2/3，超过这一平均值，可以认为对谈话者本人比谈话内容更感兴趣，低于这一平均值，则表示对谈话内容和谈话者本人可能都不怎么感兴趣。

3. 视线的位置

在人际交往中，如果与人交谈时心不在焉、东张西望，或由于紧张、羞怯不敢正视对方，会让人觉得你缺少礼貌或不够热情。若盯着对方身体的某一部位看也是不礼貌的，视线移动应主要集中在对方脸部范围内。

最佳的社交视线位置是：以双眼为上底线，到唇部中央构成一个倒等边三角形。这种视线的特点是亲切温和，能营造一种融洽和谐的气氛，让对方感到平等舒服。当然，眼神的交流要恰到好处，不能长时间地注视对方，那会令对方感到不自在。

（二）在公众场合发言时的眼神交流法

在公众场合发言时，与观众的眼神交流非常重要，进行眼神交流的方法主要有以下几种。

1. 前视法

发言人视线平直向前延伸，直至视线落到最后的观众。

2. 环视法

眼睛向全场有目的地扫视，使所有听你发言的人都注意到你，这样能较全面地了解观众的反应。可以根据你的环视随时调整发言的内容、语调，把握讲话的节奏。环视时间最多 3 秒，把观众注意力吸引过来即可。

3. 虚视法

发言时需要虚与实的目光交替。“实”看某一部分人，“虚”看大家，做到“目中无人，心中有人”。

在发言时忌目光空洞，这易损毁自己的形象。目光畏缩慌乱也是不良表现。另外，不宜毫无目的地左右乱看，毫无理由地闭眼或眨眼也是应避免的不良习惯。

温馨贴士

社交中应注意的几种眼神

眼神是大脑的延伸，大脑的思想动向、内心想法等都可以从眼睛中看出来，社交中应注意以下几种行为。

1. 不能对陌生人或不太熟悉的人长时间凝视，否则将被视为一种无礼行为。

2. 眼睛注视对方的时间超过整个交谈时间的 60%，属于超时注视，使用这种眼神看人是失礼的。

3. 眼睛注视对方的时间低于整个交谈时间的 30%，属于低时注视，一般也是失礼的注视，表明内心自卑、企图掩饰什么，或对人对交谈的内容都不感兴趣。

4. 眼睛转动的幅度不要太大或太小，也不要太快或太慢，眼睛转动稍快表示聪明、有活力，但如果太快表示不诚实、不成熟，给人轻浮、不庄重的印象，如挤眉弄眼、贼眉鼠眼等形容的就是这种情况。但与人交流时，眼睛也不能转得太慢，否则就显得呆板、缺乏活力，或让人感觉心不在焉等。

总之，在与人交往中，应恰当使用眼神交流，避免盯视、眯眼、斜眼、瞟视等，要积极运用热情、友好、坦诚、真诚、愉快的眼神，营造融洽的交流氛围，获得良好的沟通效果。

二、微笑

微笑是指不露牙齿、嘴角两端略提起的笑，或嘴角自然上翘，露出几颗牙齿。微笑是人们良好心境的体现，是内心真诚友善、心底坦荡的表现。在人际交往中，微笑可以表现出温馨、亲切，能够有效地缩短沟通双方的距离，给对方留下美好的心理感受，有效地缩短双方的距离。因此，微笑不仅是一种外化的形象，也是内心情感的生动流露，能够强化有声语言沟通的功能，增强交际效果，还能与其他肢体语言配合，代替有声语言。

微笑是每个人宝贵的无形资产。但应注意的是，微笑一定要发自内心、亲切自然，只有发自内心的微笑才富有魅力，令人愉悦欢心。不要为了讨好别人故作笑颜，满脸堆笑。但在严肃庄重的场合不宜微笑。

（一）微笑的基本要求

1. 真诚自然

微笑应发自内心，通过眼神、眉毛、嘴角的协调表达诚意，如眼神含笑、放松面部肌肉；要避免机械式或虚假表情，如皮笑肉不笑、冷笑等，同时需要配合眼神传递善意。

2. 动作规范

可不露牙齿、嘴角两端略提起，或嘴角自然上翘，露出 6～8 颗牙齿。同时，保持面部肌肉放松，双颊肌肉上抬，避免僵硬或过度夸张，如“咧嘴大笑”或“嘴角歪斜”。

3. 眼神配合

注视对方时保持目光友善柔和，避免左顾右盼或死盯某一部位，通过眼神传递真诚与专注。

4. 适度得体

笑容幅度需适中，时间控制在 5～7 秒，避免过长或过短。

5. 适应场景需求

不同场景需选择合适类型，如礼仪微笑、职业微笑，避免在严肃场合露出过于轻松的笑容。

总之，微笑需兼顾自然性、协调性、情感传递与场景适配，富有亲和力，才能赢得他人的亲近和信任。

（二）微笑的训练方法

1. 肌肉放松练习

通过“哆来咪”唇部运动放松肌肉，运用张大嘴巴、聚拢嘴唇等动作增强嘴唇弹性，可以用嘴咬住筷子帮助矫正嘴角不对称的问题。

2. 情景模拟训练

调动感情，发挥想象力，或回忆美好的过去，或展望美好的未来，或设定不同场景（如迎接客人、感谢对方赞美、餐厅接待顾客投诉），练习发自内心的微笑。

3. 对镜训练

对镜默念“一”或发出“美”“甜”等字的音，练习真诚、自然而又轻松的微笑，并结合镜子修正表情细节。

课堂活动

1. 两人一组，分组进行以下微笑情景展示。

A 念口诀：“轻闭双唇、嘴角上扬 30 度、眼角弯起，维持 3 秒”，同时担任观察员，检查关键点：嘴角两端是否略提起，或牙齿是否微露（小于 8 颗）、鱼尾纹是否自然浮现、眉间是否放松。

B 跟着 A 念的口诀进行微笑训练。

交换角色，A 跟着 B 念的口诀进行微笑训练。

2. 任选三人上台，进行微笑展示，老师用手机拍摄三人的微笑照片并通过投于屏幕上，师生点评哪位同学的微笑更加自然、得体，富有亲和力和感染力。

3. 两人一组，面带微笑，围绕本模块的学习收获进行半分钟交谈。

礼析启思

案例：

男人雄心勃勃地开始经营自己的第一家旅馆，当他的资产从几万元奇迹般地增值到几千万元的时候，他欣喜而自豪地把这一成绩告诉了母亲。母亲却淡然地说："依我看，你跟以前根本没有什么两样……你必须把握比钱更有价值的东西。除了对顾客诚实外，还要想办法使曾经入住旅馆的客人成为回头客，你要想出一种简单、容易而行之久远的办法……"男人百思不得其解。于是他逛商店、住旅馆，以顾客的身份找到了答案——微笑服务。从此，男人要求每个员工不论多么辛苦，都要对顾客投以微笑，即使在旅馆业务受到经济萧条的严重影响的时候，他也经常提醒员工记住，"万万不可把心里的愁云摆在脸上，无论旅馆本身遇到什么困难，旅馆服务员脸上的微笑永远是属于顾客的阳光。"

点评：

微笑服务迅速拉近了旅馆与顾客的距离，赢得了顾客的信任和公众的赞誉。该旅馆创始人曾说："单有一流设备，没有一流服务，我宁愿弃之而去，住进虽然地毯陈旧，却处处见到微笑的旅馆。"正因为如此，他对员工的礼仪要求非常高，也因此使每一位顾客都有了宾至如归的感觉。

讨论：

和同学分享你在就餐、购物或拨打客服电话时享受到的最令你愉快且印象深刻的微笑服务，说说你当时的内心感受。

美好形象，礼仪之始。

真正的礼仪，不是浮于表面的修饰，而是发乎心的尊重、落于行的修养。仪容整洁、着装得体、体态优雅、笑容真诚，总能令人如春风拂面，似清茶沁脾，传递对他人的友善和对生活的热爱。让我们以礼塑形、以德润心，让文明之光在举手投足间流转，化作人群中最动人的风景。

思考练习

1. 服装色彩有哪些特性？色彩的搭配有哪几种方式？

2. 站姿的基本要领是什么？常见的站姿有哪几种？

3. 坐姿的基本要领是什么？常见的坐姿有哪几种？

4. 步姿和蹲姿的基本要领分别是什么？常见的蹲姿有哪两种？

5. 请说出最佳的社交视线位置。

课后训练

“双奥会”颁奖礼仪志愿者尽展礼仪之邦风范

2022 年 2 月 4 日晚，第 24 届冬季奥林匹克运动会（以下简称冬奥会）在北京隆重开幕，这是继 2008 年第 29 届夏季奥林匹克运动会（以下简称北京奥运会）后，北京再次披上奥运华彩，成为世界上首个举办夏季奥运会和冬季奥运会的“双奥之城”。美丽大方的颁奖礼仪志愿者端庄优雅地走向奖台，传递出对运动员们的最高敬意。这不仅展现出了东方之美和礼仪之邦的风范，更传达了民族自信和大国之爱。

北京奥运会礼仪志愿者这样炼成

※ 含筷练笑

2007 年 7 月 26 日至 8 月 13 日，小张和来自北京多所学校的 80 多名礼仪志愿者一起，接受了为期 21 天的训练。志愿者们上午进行礼仪培训，下午进行舞蹈形体培训，晚上聆听奥组委专家的礼仪知识讲座。

身材高挑的小张认为自己能通过选拔，最关键的是因为自信和爱笑。她说发自内心的微笑能感染每个被服务的人。

※ 穿高跟鞋练站姿

培训时正值北京的酷暑，受训的姑娘们穿着高跟鞋练习站姿，双手放到背后练习抬头挺胸，一堂课下来手酸了，衬衫也湿透了。

小张说，礼仪培训时老师抓得很细，甚至转身时脚和身体的移动都要一个动作一个动作纠正，不到位的肯定重来。

北京冬奥会颁奖礼仪志愿者训练的特别之处

※ 负重训练

北京冬奥会颁奖的难度大，颁奖礼仪志愿者必须忍受寒冷，数小时待在等候区域为颁奖做准备。特别是像冰球等集体运动项目对颁奖礼仪志愿者的要求更高：一是上台领奖的金牌、银牌、铜牌3个团队的运动员多达几十名，二是颁奖是在比赛现场的冰面上进行。所以，为了增强体能，保证一次性运送多块奖牌时能够平稳、从容、优雅地端好装有奖牌、花束的托盘，礼仪志愿者坚持用沙袋进行负重训练。

感悟：

在很多场合我们没有机会向每一个人介绍自己，而优雅得体的仪容、仪态可以代替我们完成自我介绍，给他人留下良好的印象。

礼仪志愿者们在奥运颁奖舞台上将功力藏在细节里，从细节中尽展中华千百年来的悠久礼仪文化和民族自信，传递中国人民对全世界人民的热情大方、真诚友好，成为为中外文化交流架起桥梁的美丽天使。

人们常说："三分长相，七分打扮。"注重仪容仪表于我们而言就是为自己做了一张漂亮的名片，令人赏心悦目。

行动：

1. 以小组为单位，配乐录制好解说词，然后反复进行体态礼仪训练。拍摄成展示视频并上传于班级QQ群，师生评出最佳体态礼仪展示小组。解说词如下：

大家好，现在向我们走来、即将进行体态礼仪展示的是第×小组的同学们。

首先展示的是站姿礼仪：一位站姿，标准式、侧放式；二位站姿，前腹式；三位站姿，后背式、背后交叉式；四位站姿，一手放于身前或身后，一手垂放于身体一侧。

接下来展示的是坐姿礼仪：标准式；前伸式；前交叉式；后点式；重叠式；曲直式；侧点式；侧挂式。请轻而稳地起立，左出，将凳子轻放于桌下，以标准式站姿站立。

最后展示的是蹲姿礼仪：交叉式蹲姿，高低式蹲姿。

展示完毕，请起立，退场。谢谢！

2. 以小组为单位，根据男生、女生仪容修饰要求，从发型、面部和手的清洁、着装等是否符合礼仪标准等方面进行文明仪表自评和小组评议，指出不合要求之处并调整到位，填写下面的评分表。

序号	检查内容	存在问题	个人自评（20%）	小组评议（30%）	调整后教师评分（50%）	总评分
1	发型（25 分）					
2	面部（25 分）					
3	手部（20 分）					
4	着装（30 分）					

所在小组：　　　　被评价人姓名：　　　　性别：　　　　总评分：

说明：满分 100 分。总评分＝个人自评（占 20%）+ 小组评议（占 30%）+ 调整后教师评分（占 50%）。

3. 班级里举办以“青衿担使命　匠心绽光芒”为主题的演讲比赛。请据此进行精心的仪容修饰，选择得体的服装，设计恰当的手势，上台进行演讲：“大家好，我是 ×××，来自 ×× 系 ×× 班，今天我演讲的题目是‘青衿担使命　匠心绽光芒’……我的演讲结束了，谢谢大家！”

各小组分组练习、展示后，推荐一人上台比赛并进行评比（评委由教师、各小组代表担任，去掉最高分和最低分，取平均分为各参赛选手最后得分），将参赛者演讲视频拍摄上传于班级 QQ 群共享，并将精彩片段剪辑成短视频。

演讲比赛评分表如下：

姓名	着装得体仪表大方（2分）	步姿稳健（2分）	站姿端正（2分）	声音响亮语言流畅（2分）	表情生动手势恰当（2分）	得分（10分）

社交礼仪篇

社交能力是衡量一个人能否适应现代社会的标准之一，是一个人是否成熟的重要标志，得体的举止、礼貌的语言可以体现一个人良好的道德修养、文化素质和审美情趣，同学们在社会交往中，应注重社交礼仪，讲究交际艺术。

模块一　招呼礼仪·主动热情暖心田

招呼是人们日常交际中常用的礼节之一，是人们互相认识、建立联系必不可少的手段，是表示礼貌、友好、尊重的方式。

有的人不重视打招呼，认为经常见面的人用不着打招呼，自己家里人也用不着打招呼，无关紧要的人更用不着打招呼；有的人不愿意先向别人打招呼；有的人则不好意思向别人打招呼。

其实，见面先打招呼是主动、热情的表现，能获得人际交往的主动权。掌握一些必要的招呼用语，根据不同身份、不同时间和场合采取不同的招呼方式，可为交际活动营造和谐的气氛，充分体现自身素养。

一、招呼的方式及礼仪

招呼的方式有称呼式、寒暄式和体语式。招呼时应做到俗而不陋、雅而不迂、适时得体。

（一）称呼式

日常交往中，称呼是礼仪的开始，是打开沟通大门的钥匙。与人见面打招呼、登门拜访、电话交谈、书信往来时，首先涉及的就是称呼。

称呼是指人们在日常交往中彼此所采用的称谓语。得体的称呼使人心情愉悦，能够缩短人与人之间的距离，为双方交往创设良好的开端。反之，称呼不得体会引起对方的不快甚至愠怒，使双方陷入尴尬境地，造成交往受阻甚至中断。

在非正式场合，称呼会随着关系的亲近而逐步生活化、随意化，最初认识称先生、女士，熟悉之后称小王、老李、青青、欢欢，或者直呼其名，朋友之间称兄道弟也不足为奇。

在较为正式的场合，对男士尊称为先生，对已婚女性可称夫人、太太，对未婚女士称小姐，如果一时不能辨明是否已婚，可统称为女士。这些称呼前均可冠以姓氏，如李先生、王小姐、张女士等。如果知道对方的职务，可在姓氏后加上职位名，如于经理、冯校长、刘主任等，也可用职业称呼，如医生、解放军同志、服务员等，还可以用代词称呼，如您、你，或用长辈称，如张叔叔、李阿姨等。

要注意区分正式场合与非正式场合的称呼，不要将非正式场合生活化、随意化的称谓带到正式场合中。

1. 称呼的用语

（1）职务称呼如“李主任”“张经理”等。

（2）姓名称呼如“刘先生”“李华女士”“黄依冰同学”等。

（3）职业称呼如“老师”“医生”“服务员”“营业员”“快递员”等。

（4）代词称呼如“您”“你”等。

（5）亲属称呼如“叔叔”“阿姨”等。

（6）一般称呼如“先生”“夫人”“同志”“师傅”等。若是关系比较好的同性朋友之间，在非正式场合，还可使用网络交流中用于拉近距离的亲昵称呼如“亲”等，以表达友好、亲切的情感色彩。

2. 使用称呼的注意事项

（1）众人交谈场合要注意称呼的顺序。一般来讲，先长后幼，先上后下，先女后男，先尊后卑，先生疏后熟识，先客人后主人。

（2）要注意称谓的对象。对平辈、晚辈或下级，可用“你”，对长辈、上级可用“您”。在我国，“师傅”“同志”是常用的礼貌称呼，但是，不注意对象就会适得其反。如称医生为“师傅”，称老师为“师傅”等，均不妥。

（3）不要忽略东西方的文化差异。在我国称年长的人为“老人家”是对长辈的敬重，但是一些国家的老人却忌讳别人称自己“老”。

（4）对初识之人不要使用太过随意的称呼，以免令人感到不舒服。

（5）不要使用外号，尤其是不要用带有侮辱性意味的外号称呼别人。

（6）要记住对方姓名。每个人都珍爱自己的名字，也希望别人能记住和尊重它。当自己的名字被别人叫到时，心里会感到愉悦，对称呼自己的人怀有亲切感。例如，久别之后打招呼时在“您好”前面或后面冠以对方的名字或姓氏，会使对方心情愉悦。

（7）要考虑对方的心理因素。如有的人 30 多岁，若称他为“老刘”“老李”，会引起他的不快。对新升职的同事或朋友，见面时如果主动先和他打招呼：“张主任，真想不到能在这儿见到您。”相信他听了，一定会很高兴，这有利于融洽彼此的关系。

（8）称呼要符合对方的年龄、性别、身份和职业等具体情况。对年长者称呼要热情、谦恭、尊重；对同辈要态度诚恳，表情自然，亲切友好；对年轻人要慈爱谦和，表达出喜爱和关心。切勿使用“喂”“嘿”等来称呼他人，也不要点头哈腰，满口恭维话。

（9）不要用莽撞的招呼方式。如果在公共场所遇见了熟人不可太激动，要避免如下行为：在街上，突然冲向对方，甚至冲撞了他人；在会场上，猛然从座位上跳起来并穿过整个大厅；在人群里，冷不丁地高呼朋友的名字，把旁人吓一跳，也会令朋友感到尴尬。

（10）不苛求“视而不见”的相识者。不要把不经心的视而不见与故意的轻蔑混为一谈，相识者未对你的招呼做出回应很可能是对方正在沉思，或者眼睛近视，也可能因为你的外貌有了改变。

总之，在日常生活中，我们要根据称呼对象和交往场合等具体情况选择得体的称呼语，以达到理想的招呼效果。

礼析启思

案例：

小祈是某技师学院高技班电子商务专业毕业生，前往应聘某公司的行政客服一职，由于她在面试官面前过于紧张，有些发挥失常。

就在她从面试官眼中看出拒绝的意思而以为没有希望了的时候，一位中年男士走进办公室和考官耳语了几句。在他离开时，她听到人事主管小声说："经理慢走。"那位男士从小祈身边经过时，给了她一个善意鼓励的眼神，小祁忙起身，恭敬地鞠躬，微笑着对他说："经理您好，您慢走！"中年男士有些诧异，继而笑着对她点了点头。

等她再坐下时，从人事主管的眼中看到了笑意，她顺利地得到了这份工作。

事后，人事主管告诉她，本来根据她那天的表现，是打算淘汰她的，但就是因为她主动地向经理打招呼给大家留下了不错的印象，觉得她能够胜任行政客服工作，便录用了她。

点评：

小祁在紧张状态下仍通过捕捉"经理慢走"的关键信息，迅速识别出中年男士的职位身份，"经理您好，您慢走！"一个起身鞠躬的动作，一句礼貌得体的称呼，一声主动大方的问候，一个真诚自然的微笑，都体现了她对经理的尊重，又展现了行政客服岗位基本职业素养和必备的细节把控能力，"主动展示素养"的细节弥补了她面试发挥失常的遗憾，让面试官看到了她的临场应变与情绪管理能力，进而推断出小祁具备行政客服一职的胜任力。

讨论：

如果你是小祈，在经理从自己的身边经过时，会怎样做呢？

（二）寒暄式

寒暄是双方见面时以天气冷暖、生活琐事及相互问候为内容的招呼方式。见面时，若只向他人点点头，或是只握一下手，通常会被理解为不想深谈。所以，在谈话进入正题之前可适度寒暄，从而为双方进一步交谈做好铺垫。

1. 寒暄的形式

在日常生活中，寒暄的主要形式有以下几种。

（1）偶遇式寒暄

这是指在路上或公共场所偶然遇到熟人，顺便打个招呼。碰到经常见面的熟人，可以说句“早上好，上班去呀”。见到较长时间没有见面的熟人，可停下来多说几句，若有急事要办，则要与对方说清楚再离开。

（2）会晤前寒暄

这是指如约见面或客人来后，进入正题之前的交谈。常见的问候语有“您好”“请进”“请坐”等。在特殊情况下，如遇对方大病初愈、遭遇不幸等情况，寒暄问候则要格外体贴入微，暖人心扉。

2. 寒暄的内容

常见的寒暄内容如下。

（1）表示关怀

在寒暄时，对对方及家人的身体、学习、工作、生活等进行真诚亲切的问候，会令人倍感温暖，有利于加深彼此之间的感情。如，小李在校门口遇到小丽：“小丽早，昨天运动会上，你跑 1 500 米夺得全校第二，真是我们班的长跑女将！今天腿还酸吗？”

礼析启思

案例：

周末，健康和照护专业的学生小娜和同学们来到社区养老院做志愿者，她走到坐在轮椅上的张奶奶身边，弯下腰，温和地问：“张奶奶好，最近降温，您的膝盖还疼吗？我带了自发热护膝给您，您试试，戴上后膝盖应该能舒服点。”张奶奶握着小娜的手，眼眶微红：“老毛病啦，你还记得！谢谢你和同学们常常来看望我们。”小娜帮张奶奶戴上护膝：“不客气，下周我陪您去针灸，顺便买您最爱吃的绿豆糕……”

点评：

关怀的本质是“看见对方的真实需求”，当多数人停留于礼节性寒暄时，小娜通过询问“您的膝盖还疼吗”，特地购买自发热护膝给张奶奶并帮她戴上，承诺“下周我陪您去针灸”“买您最爱吃的绿豆糕”等细节，切实表达了对张奶奶的关心。

讨论：

和小娜一同做志愿者的小乔来到程爷爷的身边，程爷爷上周感冒了，若你是小乔，你会如何在寒暄中表达对程爷爷的关怀呢？

（2）随意闲谈

通过谈天气，谈对方家乡的风土人情，询问双方共同熟悉的朋友近况，聊兴趣爱好，聊时事新闻等进行寒暄，可拉近双方的心理距离。

（3）给予激励

在寒暄的话语中，激励他人，给人以鼓舞和力量。

礼析启思

案例：

中午，小陈结束工学交替回到学校，在食堂用餐时遇到学弟小杨，小杨微笑着热情地向小陈打招呼："学长好，好久不见，你更帅了！"小陈拍拍小杨的肩："谢谢，你最近的健身效果不错啊，瞧这肌肉，看上去又硬了不少，我感觉我以后掰手腕都掰不过你了！""谢谢学长夸奖，你是学校健身社团的社长，我和你比还差得远呢，得好好向你学习！"

点评：

小杨向小陈热情问好并夸他"更帅了"，既热情又不失对学长的尊重。小陈则以"健身效果不错""肌肉更结实了"的具体细节真诚肯定小杨的进步，再用"以后掰手腕都掰不过你了"的幽默表达，夸张地认可其进步之快，既强化了小杨的健身动力，也让他更坚定了"好好向你学习"的决心。这样的激励式寒暄，不仅进一步点燃了小杨的健身热情，也让两人的交往更显融洽愉快。

讨论：

在与他人交往的过程中，令你印象最深刻、倍感温暖或开心的激励式寒暄有哪些？

（4）表现幽默

寒暄中加些幽默诙谐的成分，对调动气氛很有效。

礼析启思

案例：

早晨，小吕偶遇邻居小熊，看他步伐匆忙的样子，问："小熊，是不是着急赶时间啊？"小熊叹了一口气，说："天气冷，起床难的综合征就犯了。这不又起晚了，要迟到了。"小吕指了指身上的"游泳圈"，说："你呀，太瘦了。看我这一身脂肪，赛过天然棉被，冬天从来不怕冷，起床容易得很。教你哦，多吃点儿，长肉是对冬天最基本的尊重。"小熊听后哈哈大笑，紧张感顿时消失了不少。

点评：

这种幽默风趣、其乐融融的寒暄方式，使交谈气氛十分轻松愉快，易于拉近彼此的距离。

讨论：

小熊听后，怎样幽默地回应小吕的寒暄呢？

（5）真诚夸赞

"您起得真早啊""您身体越来越好啦""您看上去精神很不错啊"等赞美式寒暄，会令人心情舒畅愉快。夸赞的内容最好要具体得体，这样才显诚恳。

礼析启思

案例：

晓霞到办公室找小华谈工作，正谈着，晓红从外面进来，笑盈盈地说："听到晓霞甜美的声音了，好亲切啊！"晓霞开心地说："谢谢，你总是这么漂亮，还这么会说话。"办公室里洋溢着欢快与温馨。

小夏所在的校技能集训队很忙，大家经常加班加点，顾不上吃饭。这天，小雷看见小夏双手拎了好几份快餐，朝集训基地走去。小雷说："小夏，你们又在加班了？"小夏叹了口气，说："对啊，我都快成外卖小哥了。"小雷道："辛苦了，你真是超级暖男啊！"

柳先生与一位不善言谈的朋友初次见面时说："你太像我的一个表兄了，刚才差点把你当作他，你们俩都高个子、白净脸，有一种沉稳之气……穿的衣服也太像了，深蓝色的西服……我真有点分不出你们俩了。”“真的？”这位新朋友眼里透着惊喜，他们的话匣子都打开了。

点评：

晓霞和晓红互夸“甜美的声音”“好亲切”“漂亮”“会说话”，小雷夸小夏是“超级暖男”，柳先生则把对方和自己的表兄并提，称赞其沉稳，这些寒暄语满是对对方的真诚欣赏和赞赏，无形中缩短了交谈双方之间的距离，令人十分开心，创设出良好的交往开端。

讨论：

请你代那位不善言谈的朋友，对柳先生的寒暄回以真诚的夸赞。

（6）表示感谢

每个人都会对自己无意识中给别人带来帮助感到高兴，见面时若能不失时机地点出，无疑能引起对方的兴趣。因此，见到曾帮过自己的人时，不妨当面向对方表示谢意。例如，“学长好，开学时就是你帮我提行李的，那时我心里对你可感激了。”“是吗？”学长十分惊喜，气氛顿时热烈了许多。

礼析启思

案例：

早上，小马开车上班，半路上右后轮车胎被扎了，在部门的工作群里向领导请假后，补好车胎开到公司已经比平常晚到了半小时。一进办公室，同事小徐便关心地问道：“亲，早上好！看消息知道你的车胎被扎了，怎么样了？”“是啊，半路上钉子扎进了车胎，叫外援来补了车胎。现在没事了，谢谢关心啊！”小徐笑呵呵地递给她一个百香果：“来，泡杯果汁，压压惊！”“太感动了，谢谢！你总是这么贴心、人见人爱啊……哇，我办公桌下垃圾桶里的垃圾也帮我倒了，还换了新垃圾袋，你真是太好了！”小马因车胎被扎带来的郁闷被小徐的暖心言行一扫而光，办公室里洋溢着温馨和愉悦。

点评：

小马和小徐在寒暄时充满对对方的关怀、激励、夸赞，用幽默语言营造和谐愉快的交往环境，这样的寒暄效果很好，更能拉近双方的感情。

讨论：

若你是小徐，听到小马对自己的再三致谢和夸赞后，会如何回应其真诚夸奖呢？

温馨贴士

怎样在寒暄时找到共同话题

一是察言观色，寻找共同点。通过仔细观察对方的外貌、表情、服饰、言谈举止等，发现自己与对方的共同点，从而找到共同话题。

二是主动交流，寻找共同点。要主动开口，打破沉默，通过有意识地询问，找到自己与对方的共同之处。可以从谈天气、问籍贯、谈论时事新闻等方面入手，逐步深入，进而找到共同话题。如新生报到时，可以首先开口，试着用“同一个班级”“同一个宿舍”等话题拉近与同学的距离，从而减少陌生感。

三是请朋友互相介绍，从介绍中发现对方与自己的共同之处。

3. 寒暄注意事项

（1）要注意对象

寒暄要因人而异，与初次见面的人寒暄，比较通俗的说法是“您好，很高兴认识您”“见到您非常荣幸”。

与熟人寒暄，用语可以亲切具体一些，可以说“好久没见了”“又见面了”“您的气质真好，知性又优雅”“你的发型真漂亮”“您的小孙女好可爱呀”“今天的风真大”等。

对中国人适合用“您老人家今年贵庚”“你吃过了吗”；对外国人适合用“您看上去真年轻”“您真漂亮”等。

（2）要注意环境

寒暄的内容应考虑所处的环境。

有一段相声，讲到一个因寒暄不当而令人啼笑皆非的故事：

甲：有一次，我刚从洗手间出来，正好过来一个同事，他也是上洗手间，他见了我张口就问：“你吃了吗？”

乙：你怎么回答？

甲：我当然回答“吃了”，于是我就问他一句：“你吃了吗？”

乙：他怎么回答?

甲：“还没有，一会吃。”

像这样不考虑场合的不当寒暄，令人发笑，也让双方颇感尴尬。不如换成：“好久不见，你的气色很不错，最近挺好吧？”“这两天工作很忙吧？看你走路都风风火火的。”

（3）要注意适度

寒暄要适可而止，简洁友好，尊重他人，不要使用过多的溢美之词以免给人恭维之感。在会晤时若寒暄过多，迟迟不切入正题，会令人焦虑烦躁；在本该与对方寒暄几句时却一言不发，则显得无礼。

寒暄语应带有友好之意、敬重之心，不可敷衍了事，也不可戏弄对方。不应使用“来了”“喂，您又长膘了”等不敬之词。

寒暄时，最好不要牵涉个人隐私和禁忌等。如一见面就问人家“这学期有没有挂科”“现在还吃不吃中药”等，都会令对方反感。

总之，恰当的寒暄，能给不快的人以安慰，给久别重逢的人以关怀，给邻里亲友以欢乐，并由此沟通感情，融洽关系。

（三）体语式

体语式是指使用面部表情和身体姿势等打招呼的方式。常见的体语有点头、微笑、招手、鞠躬、握手、起立、拥抱等，应根据交际双方社会角色和交际关系的不同而选用。

1. 点头

点头经常用于与熟人打招呼。用点头来打招呼时，点头者应看着对方，面部略带微笑，等对方有表示时再转向他方。点头可与微笑、鞠躬、握手配合使用。

2. 微笑

微笑是全世界通用的语言。有人说，一旦学会微笑，你将成为一笔宝贵精神财富的拥有者。在交际语言中，微笑很有感染力，一个微笑能温暖人心，表达出彼此的善意。

3. 握手

握手是社交中见面与告别时应用的礼节，握手时要距对方约一步远，在标准站姿

握手

的基础上，上身稍前倾，肘关节微屈抬至腰部，目视对方，伸出右手，四指并拢，拇指张开，与对方相握或微动一两次即可。与人握手时应面带微笑，注视对方双眼，神态专注、热情、友好而自然。握手必须用右手，只可上下摆动，不可左右摇晃。当贵宾或老人伸出手来时，应快步趋前，用双手握住对方的手，身体微微前倾，以示尊敬，同时还可说些热烈欢迎和热情致意的话。

首先伸出手来“发起”握手的是尊者，即年长者、位尊者、女士或主人。握手要坚定有力，通常以3秒左右为好；男女之间握手，女士如不伸手，男士点头致意即可；人多时不能交叉握手，不宜戴着手套握手。

除了应本着“礼貌待人，自然得体”的原则灵活运用这一礼节外，下述场合应特别重视，不可疏忽：

（1）在被介绍与人相识时，双方互致问候，应握手致意，表示为相识而感到荣幸。

（2）当对方取得很大的成绩或重大的成果、获得奖赏、被授予荣誉称号或有其他喜事时，见面应与之握手表示祝贺。

（3）在自己领取奖品时，应与颁奖者握手表示感谢。

（4）当有人向自己赠送礼品、发表祝词讲话时，应与其握手表示感谢。

（5）邀请客人参加活动，在告别时，主人应和所有的客人握手，表示感谢对方的支持与光临。

（6）参加友人、同事或上下级的家属追悼会，在离别时，应和逝者的主要亲属握手，表示劝慰。

4. 鞠躬

鞠躬时，需脱帽，呈立正姿势，面带微笑，上身前倾弯腰，下弯幅度一般为15～30度。鞠躬时男士双手自然下垂，贴放于身体两侧裤线处；女士的双手下垂搭放在腹前。

鞠躬时应注意：受鞠躬礼时应还以鞠躬礼，地位较低的人应先鞠躬，并且鞠躬要相对深一些。

鞠躬

5. 起立

起立常用于集会时对报告人到场或重要来宾莅临时表示致意；或用于有客人到访时表示致意时，也用于接受主人敬茶敬酒或赠送其他物品时。

起立时动作应轻而稳，不要碰翻桌上物品，不要将椅子弄出声响。

二、招呼的技巧

（一）主动大方

谁先打招呼，谁就占有了主动权。双方见面，不管彼此年龄、地位有何差距，一般应先主动、热情、大方地与对方打招呼。如果你是长辈，会因此显得和蔼可亲；如果你是晚辈，则会显得彬彬有礼。

（二）因时而异

以一天早、午、晚为例，随时间的变化，打招呼也应巧妙而自然地变化。如早上可用“您早”“早上好”“您好”，中午可用“您好”“午睡了吗”，晚上可用“晚上好”“下班啦”等。

（三）因地而异

打招呼也要分场所。在公共场所，如街上、公园、餐馆、商店等遇到熟人，可以大方自然地和熟人问候，寒暄交谈，不必故作惊喜、大惊小怪。如果在开会、看电影、看演出、听音乐会等时遇到熟人，则微笑着招招手、点点头即可。

（四）兼顾他人

如果打招呼的对象不止一个人，就要做到面面俱到。如果对方中仅有个别人是熟人，虽然与熟人打招呼，但目光也应顾及其他人，可微笑点头以表示对其余陌生人的尊重，也是对熟人的尊重。

（五）灵活应变

在特殊的场合打招呼，应灵活变通。如遇到伤心或让人难堪的事，与当事人打招呼时，应机敏地岔开话题，绕开令当事人不快的事。

（六）回应对方

别人向你打招呼时，应面带微笑、真诚地给予回应。

温馨贴士

称呼“提拔”：和谐人际关系的润滑剂

称呼“提拔”的突出特点是有意将交际对象的称呼予以“提拔”，以满足其在特定场合中的心理需要，从而取得特定的表达效果。

比如，我们称摆早点摊的摊主为“老板”，称卖菜的农妇为“老板娘”，称相貌显年轻的阿姨为“美女姐姐”，这种称呼上的身份“提拔”往往令人心情愉悦，便于拉近与人之间的距离。

当然，对某一方面有明显缺陷的人，千万不能“提拔”，否则很可能会产生误解，让人家误以为你是在有意取笑，导致适得其反。

课堂活动

打招呼是人际交往中常用的礼仪，与人见面时主动打招呼是友好的表现，打招呼时称呼得体亲切、用语真诚大方，有利于体现自身的良好素养，营造和谐愉快的交往氛围。

一天，陈楠走进一家饮品店，服务员是一个无精打采的女孩子，她把饮品往陈楠面前的桌上一放，转身就要离开。

陈楠微笑着说道："小妹妹，你的穿着和这家饮品店的风格非常和谐，所以，我坐在这里觉得很舒服。"

女孩看着陈楠笑了一下。

陈楠说："你一笑，把整个春天都写在脸上了。"

女孩笑得更灿烂了，说："谢谢姐姐，您也笑得很好看啊。"

陈楠称服务员为"小妹妹"，交谈时，语言亲切真诚又热情，令无精打采的服务员如沐春风，像换了一个人，笑容灿烂，甜甜地用"姐姐"对陈楠表示感谢和赞美。

在人际交往的过程中，我们若能如此主动热情地与人打招呼，也一定能时时感受到温暖如春风般扑面而来。

请根据不同的情境为自己设计大方得体、主动热情的招呼用语。

具体情境	大方得体、主动热情的招呼语
示例：你在学校舞蹈社团练习跳舞时，见到社团成员小希	小希下午好，你看起来好可爱啊！穿着粉红卫衣，像水蜜桃女孩
1. 早晨，你在校门口遇到身穿新衣服的好朋友	
2. 课间，你在走廊遇到手捧课本、作业本的课代表	
3. 放学回家，你在小区门口遇见邻居王叔叔，他刚取快递回来，手里抱着两个大纸箱，气喘吁吁地往家走	
4. 你到同学小贾家做客，他的父母、爷爷奶奶都对你表示欢迎	

模块二　介绍礼仪·大方自信展风采

一般来说，介绍有自我介绍和居间介绍两种。无论是自我介绍或是居间介绍，都应镇定自如、落落大方、音量适中、口齿清晰、语速适当，介绍的内容要实事求是、准确得体，不要言过其实。

一、自我介绍

人们初次见面，都会产生一种想了解对方的好奇心理，及时简明地进行自我介绍，可满足对方的这种需求，对方也会以礼相待，作自我介绍，为进一步交往建立良好的基础。

（一）自我介绍的内容

在一般的日常交往中，自我介绍的基本内容包括姓名、职务、工作单位、住所、籍贯、出生地、毕业学校、所学专业、兴趣爱好、性格特点等。

自我介绍的详略视具体情况而定，场合不同、目的不同，其内容也应有所不同。

工作式自我介绍的主要内容可包括姓名、工作单位、部门（职务）等，有时也可以加上自己的个人特长和性格等。

礼仪式的自我介绍，多用于庆典、报告、仪式等一些隆重且正规的场合，除了介绍自己的姓名、身份等，有时需要加上一些合适的敬语，如尊敬的各位来宾、热烈欢迎、衷心感谢等。

交流式的自我介绍，多用于社交、学术、培训等场合，目的是希望对方了解自己，寻求进一步交流以建立联系。这类自我介绍的内容应详细些，可包括姓名、从事的工作、学历、籍贯、爱好、性格等内容。

总的来说，自我介绍是向他人展示自己的一个有效手段，应力求简洁，突出重点和个性，在最短的时间内将最美好的一面毫无保留地表现出来，用时一般不超过 1 分钟，职场上的自我介绍有时还可以利用名片、函、介绍信等加以辅助。

（二）自我介绍的时机

1. 应试求学时，应向主考官进行自我介绍。

2. 参加各种比赛时，可向观众、评委做自我介绍。

3. 代他人接听电话时，应做自我介绍。

4. 第一次登门拜访，事先打电话预约，在电话里应自我介绍。

5. 应聘求职时应先做自我介绍。

6. 因业务关系需要相互认识并进行接洽时可自我介绍。

7. 初次前往他人住所、办公室时，要自我介绍。

8. 在出差、旅行途中，需要与他人建立临时接触时，可适当自我介绍。

9. 在大型聚会上，可向不相识的与会者或同席的人进行自我介绍。

（三）自我介绍的礼仪

在进行自我介绍时，应先向对方点头致意，在得到对方的回应后再向对方介绍自己的姓名和身份，可同时递上自己的名片。

进行自我介绍时，表情要自然亲切，注视对方，举止沉稳，大方自信，表现出希望认识对方的热情。

（四）自我介绍的技巧

自我介绍的目的是给人留下良好的、难以忘却的第一印象，因此，必须讲究语言技巧。

1. 巧报姓名

自我介绍首先要自报姓名。为了使对方听清并且记住自己的姓名，可以利用诗文、歌词、广告语、成语、谚语、谐音等对自己的“姓”和“名”加以注释，表达美好的寓意。注释得越巧，人们得到的印象就越深刻。

例如，在见面会上，可以这样巧报姓名：“大家好，我叫柯菊香，一朵菊花散发着淡淡的清香。”“志向高远，追求卓越，大家好，我是高卓。”“各位好，我叫芦卿，我的名字充满了诗情画意——芦花纷飞待卿归。”或者这样介绍：“我是胡歌，新的一年，愿大家湖深有渡舟，歌长有和鸣。”“我叫吕呈，双口‘吕’，呈现的‘呈’，踏上新的人生旅程，祝愿大家以匠心铸匠魂，技行天下，能创未来。”

2. 把握分寸

自我介绍应自信、自谦，显得胸有成竹、不慌不忙。对自己的长处要坦然肯定，同时也要留有余地，不要把话说得太满，不宜用“很”“极”等字眼，对自己的不足也要客观介绍。

3. 独具创意

自我介绍时应突出重点，突出自己的个性，给人留下深刻的印象。可以独辟蹊径，选择既顺口自然又使对方感到意外的内容，如可以当场展示自己能歌善舞的艺术才华、隽永娟秀的书法作品、心灵手巧的手工作品、虎虎生威的武林功夫等。

礼析启思

案例：

学校举办新生才艺秀，小丁表演吉他弹唱。只见她怀抱吉他，从舞台一侧欢快自信地走出来，边弹边唱："我们一起来到这个舞台上，要实现自己的梦想。想唱就唱，唱得响亮，我相信自己最闪亮。"走到舞台中央，笑容灿烂，高声问好并自我介绍："大家好，我是快乐的小丁，愿我和我的吉他将我的快乐带给大家。"台下掌声雷动，欢呼四起。

点评：

小丁的自我介绍富有创意和感染力。"快乐的小丁"这一表述既独特又令人印象深刻。她巧妙地借助吉他，将自己的快乐具象化，展示出阳光活泼、开朗自信、青春洋溢的美好形象。如此生动欢快的自我介绍，成功点燃了观众的热情，拉近了与观众的距离，让大家快速记住了她。

讨论：

若你也参加了这场新生才艺秀，请为自己设计一段独具创意的自我介绍。

4. 幽默生动

幽默生动的自我介绍能令人感到亲切，易于赢得他人的好感甚至喜爱，可营造和谐愉悦的人际交往氛围。例如，"大家好，我是李天雨，反过来念就是'雨天里'，是不是很富有诗意呢？希望大家在下雨天能想起我。"

课堂活动

1. 请上台巧报自己的姓名，要求大方自信，声音洪亮，注意仪容、服饰、体态等礼仪。

____

2. 请巧报以下姓名。

（1）叶红 ______________________________

（2）李慧 ______________________________

（3）安平 ______________________________

3. 请根据具体的场景介绍自己。

具体的场景	自我介绍
场景：央视主持人第一次直播，在央视新闻举办的公益带货直播活动中与网友见面时	大家好，我是 ×××，初来乍到，技术不好，手艺不妙，请多关照。
1. 在聚会上新结识了朋友时	
2. 参加社区举办的“传承匠心·德润非遗”道德讲堂，分享身边优秀非遗传承人的感人故事时	
3. 作为公司新入职员工，第一次与部门同事见面时	

二、居间介绍

居间介绍是介绍者站在第三方的立场，介绍陌生的双方相互认识并建立关系的一种交际活动。

做居间介绍时先要征得双方的同意再引见，以显示对双方的尊重，使人产生亲切感，易于被双方接受。介绍别人时可以先打个招呼：“请允许我介绍你们认识一下。”“我介绍你们认识一个人，好不好？”这样双方都有准备，不会感到唐突。

居间介绍

（一）居间介绍的顺序

居间介绍的顺序是：将晚辈介绍给长辈，将学生介绍给老师，将未婚者介绍给已婚者，将男士介绍给女士，将家人介绍给同事、朋友，将晚到者介绍给先到者，将主人介绍给来宾，将职位低的介绍给职位高的。总之，尊者有优先知情权。

介绍集体，一般是指被介绍一方或双方有多人。其基本规则是介绍双方时，先卑后尊；在介绍其中各自一方的具体人员时，应自尊而卑；若人多，则按由近及远的顺序依次介绍即可。

（二）居间介绍的礼仪

进行居间介绍时要实事求是，语言要准确得体，不要言过其实，不要用抬高朋友地位的方式来显示自己。介绍时，介绍人应注视对方，面带微笑，同时用手掌示意。被介绍的双方应起立，注视对方，认真倾听，一般不要插话，听完介绍后才可微笑应答问候。如听完别人的介绍，可以说："您好，早就听说您的大名了，只是无缘相识。今后还请多多关照。"要记住被介绍人的姓名，切不可刚介绍完，又问对方一句"尊姓大名"。还可与对方握手以示热情真诚。

课堂活动

你的母亲来参加班级家长会，请为你的母亲和你的班主任做居间介绍。注意介绍时的顺序，注意站姿、坐姿和步姿的礼仪。

模块三　拜访礼仪·客随主便显尊重

拜访是为了某种特定目的进行的访问、会晤，其基本原则是客随主便。

一、拜访前

拜访应有约在先，最好选择拜访对象心情好的时候前去。要约定到达的时间、逗留的时间，约定拜访的人数、人员、地点及谈论主题，并如约而至。拜访要选择适当的时机，清晨、吃饭、午休、深夜等时间均不宜登门拜访。如果临时有事不能如约而至，要提前打电话取消约定并向对方道歉。

拜访前要备妥需带的资料或礼物，整理好服饰，做到整洁大方、端庄得体。快到约定地点前可以提前几分钟打个电话，让对方有所准备。

如需挑选礼物，要考虑到对方的职业、年龄、性别、文化修养及性格爱好等，并根据不同的事由选择礼物，如公务拜访时，可选择带有本公司特色的礼物。此外，还要做到所送礼物适合拜访，并进行适当包装。

二、进门前

要调节情绪，进门热情问候、寒暄，话语有较浓的情绪色彩。若是不速之客，见面应先说："真抱歉，没打招呼冒昧来访，打扰了。"到他人家中拜访，入室前要在门垫上把鞋子蹭干净，若需要换穿拖鞋的，应在门口就换好。雨雪天应把雨具放在门外或前厅，最好用塑料袋装好，以免将雨水、雪水、泥巴带入室内。

三、进门后

到了被拜访者的办公室门口或家门口，要轻轻敲门或按门铃，即使门开着，也要有礼貌地敲门："请问，屋里有人吗？""请问，×× 在家吗？"听到回答后再进入。进屋后，不要马上入座，应保持热情，与室内人员一一打招呼，如果带了礼物，应在见面时拿出来送给对方，并讲明是送给谁的，为什么送礼物。

（一）主动开口

坐定后，可说些关切的话，适时赞美对方，对对方的款待表示感谢，对方招待的茶饮在拜访期间最好喝光。适当寒暄后要主动开口，说明拜访目的，如果是请对方帮忙，应把事情讲清楚，如果对方有困难，不能强人所难。

（二）举止得体

不要乱脱、乱扔衣服，不要翻动对方的书信、报刊、工艺品等，不要在对方办公室或家中乱走乱窜，若对方请你参观其住宅或种植的鲜花等，应欣然接受并表示赞许。

（三）彬彬有礼

拜访中，如有他人进入房间应起立问候；其他客人告辞时，也要起立相送。交谈中注意认真倾听、兼顾众人，且要节制内容。一般来说，交谈时间以半小时为宜。说话时应降低音量、保持适度，切忌高谈阔论、大声喧哗、手舞足蹈或频繁走动等。

（四）礼让后客

遇到另有来客，应前客让后客，可稍坐一会儿后起身告辞。

四、告辞时

要态度坚决，不要“告辞”说了几遍，人却迟迟不动，出门后应请对方留步，对对方的款待表示感谢，可邀请对方择时回访。

礼析启思

案例：

※ 一天上午，公司同时来了两位客人，分别是两家公司的销售人员小蔡和小许。小蔡穿着得体，自我介绍、递接名片也都彬彬有礼。小许穿着随便，在接公司主管的名片时，扫了一眼，就顺手把名片放进了上衣口袋。最终，这家公司和小蔡签订了销售合同，公司的主管后来解释说：“小许缺乏礼仪修养，给人一种不可信的感觉，由此我对他所在公司的产品和售后服务产生了怀疑。小蔡则给我留下了很好的印象，我对他们公司的产品和售后服务有信心。”

※ 老师带领学生前往一家公司参观，学生们在有空调的大会议室坐着，工作人员为每位同学倒水，同学们大多坦然接受服务。当总经理临时出去办完事情回来后，不断向学生表示歉意，也没人应声。当工作人员送来笔记本，总经理双手赠送给学生时，学生们大都伸着手随意接过。拜访中，有一位同学起身双手接过工作人员递过来的茶和总经理递来的笔记本并客气地说：“谢谢！”最后，这位同学收到了这家公司的面试通知。

有的同学很疑惑甚至不服：“他的成绩并没有我的好，凭什么让他去而不让我去？”老师叹气说：“我给你们创造了机会，是你们自己失去了。”

点评：

得体的礼仪可以使人获得对方的喜爱与信任，会为自己所在的团队赢得赞誉，不得体的言行可能导致失去合作伙伴或失去个人发展的机会。

小蔡正是用良好的礼仪修养为自己和公司赢得了顾客，礼貌地接过茶和笔记本并致谢的那位同学则获得了面试机会。

讨论：

小许和其他同学的哪些表现缺乏礼仪修养？

温馨贴士

赠送礼物的礼仪

1. 要明确赠礼的性质，充分考虑对方的职业、年龄、性别、文化修养及性格爱好等。拜访喜欢书法绘画的朋友，可选择字画、文房四宝等；探望病人可选择水果鲜花、营养品等；给同学、弟弟妹妹赠送礼物，可选择书籍、文具用品等；生日礼物可选择蛋糕、丝巾、领带等。

2. 审美与实用相结合。对方是对美术感兴趣的人，可考虑送他讲究的艺术品；若是对文学感兴趣的人，可以送他一部文学名著；若是爱好体育的人，可考虑送他既有娱乐性又适合健身的器物等。

3. 暗示作用。有些当面不宜说的话，可以通过礼物把自己的意思婉转地告诉对方。比如互有好感的青年男女，可互赠“信物”。

4. 体现心意，量力而行。同学们切不可选购超出自己经济能力的礼物，要知道礼品的价值不是以金钱来衡量的，赠送礼物的心意更能体现其价值。

课堂活动

赠送礼物时，一首小诗、一张贺卡、一份自制的小蛋糕也能充分表达我们的情谊。所以，一定要精心选择礼物，并在赠送礼物时注意相关的礼仪要求，让对方充分感受到我们的心意。

1. 请搜索“千里送鹅毛，礼轻情义重”的由来。

____

____

2. 说说曾经收到的令你最感动或最开心的礼物是什么。

____

____

3. 请分别为家人、老师、朋友精心挑选礼物。

赠送礼物的时机	赠送礼物的对象	赠送的礼物	表达的心意

模块四　接待礼仪 · 扫径迎宾开蓬门

在日常生活和工作中，接物、递物、打电话、发信息等都能体现出对他人的尊重与友好，体现出自己的综合素养，影响着他人对自己的印象与看法。

一、接待客人的准备工作

接待客人要讲究待客之道，用心做好准备工作，努力带给客人宾至如归的感觉。

（一）搞好卫生

注意室内外环境卫生，努力营造整洁舒适的环境。

（二）准备好招待客人所需的物品

准备茶水、饮料、咖啡、水果、点心等物品时一定要注意卫生，要把杯盘等清洗干净。

（三）安排好住宿、交通等

如果是远道而来的客人，还要安排好膳食、住宿、交通工具等。此外，还可以视客人的具体情况为他们准备好合适的礼物。

礼析启思

案例：

小林的姑姑在北京工作。暑假来临，小林从南方老家乘飞机到姑姑家做客。飞机很晚才抵达北京，小林又累又饿，便随口说道："要是能吃到北京烤鸭就好了。"姑姑笑眯眯地说："没问题，15 分钟后你就可以吃到香喷喷的烤鸭了。"姑姑知道自己的侄子喜欢吃烤鸭，考虑到飞机很晚才到，小林一路上劳累自不必说，难免还会感到饥饿，便准备了他喜欢吃的烤鸭。姑姑还准备了小林喜欢吃的水果。小林既惊喜又感动。

点评：

姑姑在侄子小林到达前精心准备了他爱吃的北京烤鸭和水果，惊喜不约而至，令小林感到温暖。这样贴心细致的姑姑谁不爱呢？

讨论：

如果你是小林，你在动身前往姑姑家前，会做好哪些拜访准备，给姑姑一家带去开心和感动呢？

二、接待客人的原则

接待客人应主随客便，做到热情大方。要站起来面带微笑接待客人，与客人保持友好、热情的眼神交流。

三、接待客人的引导礼仪

引导客人的手势应掌心向上，手臂伸直，四指并拢，拇指张开，以肘关节为轴，上身稍前倾，面带微笑，在注视目标方向的同时兼顾对方是否会意。

（一）引导客人的常见手势

1. 横摆式

这是“请”的手势，从腰部向右侧伸出右手，约45度，望向客人说：“请进！”

2. 斜摆式

这是请对方落座的手势，座位在哪里，手就指向哪里。

横摆式

斜摆式

3. 直臂式

这是引领手势，用手给对方指引方向，手臂沿指引方向伸出，动作与横摆式类似，手臂略伸直。如：“您好，请上二楼。”

4. 双臂式

这是向众多人做出的“请”的手势，先从腰部向右侧伸出右手，再伸出左手。

双臂式

（二）引导客人上下楼、乘电梯、进门的礼仪

引导客人上楼时，应请客人走在前面，把靠墙的一面让给客人。如果客人不认识路，则在客人的前方一两米处带路，到拐弯处或路况不好的地方，要做出引导的手势提醒客人。

引导客人下楼时，应走在前面，以保护客人。

行走中与客人擦身而过，如果自己不是负责接待的人员，也应有礼貌地打招呼，在客人经过时往旁边靠一下，行礼或鞠躬并问候："您好。"

引导客人乘电梯时，门打开后自己先进去，控制好开关后请客人进入，出电梯时应控制电梯门，让客人先出电梯；在电梯里也应照顾好客人，不要背对客人或与客人面对面地站着。

引导客人进门时，应侧身用右手请客人先进去。

四、接待客人的注意事项

接待客人要热情有礼，谈话要因人而异。

（一）热情好客

接待客人要多用礼貌用语。看到客人应立即放下手中的事情，起身迎接、热情招呼、表示欢迎并可适当赞美对方。迎接对方进屋后，请对方坐下，可为对方倒茶。与对方交谈时，要认真倾听，注意眼神交流。

礼析启思

案例：

小青到好友小郁家做客，进门换鞋时，因鞋带绑得太紧，一时解不开，只得弯下腰费劲地解。小郁快步上前："哎呀，这鞋带怎么跟你'较劲'呢？我拿把小椅子过来，你坐着解会舒服一些。"转身去搬椅子。小青不好意思地微笑着说："好的，谢谢！"郁妈妈快步走来，将一把小椅子放在小青的面前："小青来了，欢迎欢迎！""阿姨好，谢谢您！"小郁轻扶住小青的手臂，让她坐下，郁妈妈帮小青取下双肩背包。小郁笑道："我上次也是这样被鞋带给难住了，你试试把两边的绳圈往相反方向拉，像这样……"郁妈妈说："不急，慢慢解。今天挺热，我刚榨了西瓜汁，咱们马上喝一杯解解暑。"小青解开了鞋带，换上拖鞋，连声道谢，将带来的礼物双手递给郁妈妈："谢谢阿姨和小郁，这是我妈妈亲手做的曲奇小饼干，给你们尝尝。"

点评：

小郁先用轻松话语缓解小青的窘迫，又和妈妈用行动传递关爱，遵循了礼仪的"适度"原则："轻扶住小青的手臂"让她坐在椅子上解鞋带，建议她如何做，但并没有替她解鞋带。小郁和妈妈真诚细致的待客之道，令小青宾至如归。

讨论：

若你是小郁，以后会提前做好哪些待客准备来化解客人的类似尴尬呢？

（二）因人而异

与老年人交谈，应注意语速稍慢，音量稍大；与孩子谈话，则应轻声细语；与文化层次高的人交谈，可文雅些；与文化层次低的人交谈，可拉家常。若客人带来礼物相赠，应表示感谢或婉言谢绝馈赠，也可相应回赠一些礼物。回赠礼物可在客人告辞时送给他，并说明回礼原因。

（三）送客道别

客人告辞时，招待方应等客人起身后再相送。对年长、位尊的客人，应送至大门口，然后扬手或挥手道别，目送客人离去。对乘车离去的客人，招待方可送至车前挥手道别，目送车远去后再离开。如果送到电梯口，则要等客人进入电梯，在电梯关门后离开。

客人走后要及时整理环境，桌面、茶几、垃圾桶等要打扫干净。

五、递物、接物的礼仪

递物、接物时最好用双手，以表示对对方的尊重。递物时文字正面朝着对方，双手呈上。要注意眼神的交流，面带微笑，以适当的方式致意或道谢。

递笔、刀、剪之类尖利的物品时，需将尖端朝向自己或他处，也可握在手中，而不要指向对方；递水果时应清洗干净，去皮切块，放入水果盘中，摆上叉子或牙签。

递送瓶装饮品时，右手托底，左手握在距瓶口 1/3 处。递送茶杯时应将斟好的茶放于客人方便拿取的位置，然后做“请”的手势。

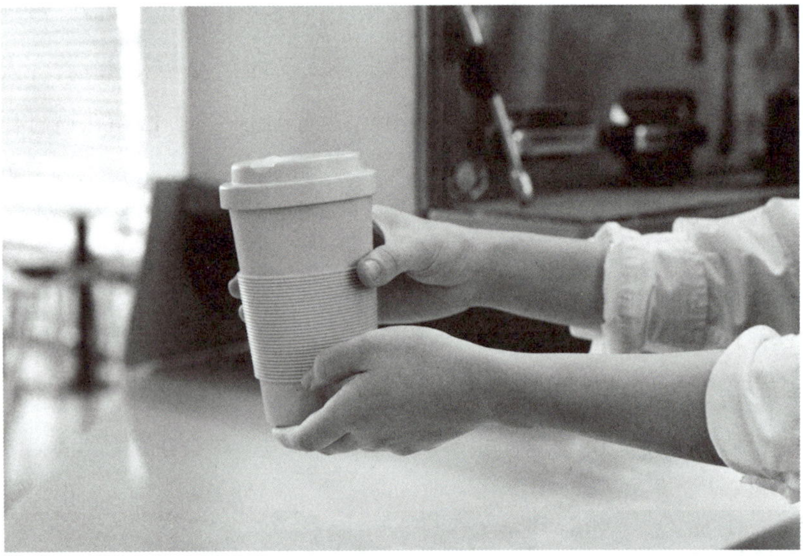

课堂活动

1. 两人一组，进行引导客人上楼、下楼、拐弯的练习。
2. 两人一组，进行引导客人进电梯、出电梯的练习。
3. 两人一组，进行引导手势及递接剪刀、饮品、茶水的练习。

模块五　通信礼仪 · 鱼雁传情蕴真诚

一、接打电话的礼仪

（一）拨打电话

要掌握拨打电话的时机，节假日、清晨、午休、深夜时最好不要拨打电话，选择对方心情愉快、有空时打电话为佳。

拨打电话之前要有所准备，打好腹稿，做到心中有数，以节省时间和提高电话沟通的效率。

通话时长要适中，有话则长，无话则短。通话内容要规范，拨通电话后要先礼貌地问候对方，再介绍自己，如单位、所在部门、姓名，接着讲明找何人、为何事，最后道别。

通话时态度要得体，面带微笑，语气要友善平和，语速可适当放缓，音量适中，吐字清晰。若中途掉线，应再次拨打过去解释、致歉。

（二）接听电话

接电话要及时，一般铃响三声之内应接听。

接电话时忌边说笑、吃东西，边接电话。接电话时应对要得体，应先礼貌地问候对方，如是办公电话，还应介绍自己，如："您好，这里是 ×× 公司 ×× 部门，我是 ××，请问找哪位？"吐字要清晰，语调要热情，并不时给予对方积极的反馈。若对方打错了电话，可礼貌告知。

若要转他人接电话，可对来电方说声"请您稍等"，然后手轻捂话筒，有礼貌地通知应接电话的人。如果来电者要找的人不在，对方询问手机号码时，不要轻易告诉对方。若对方有事请你转告，则应及时做好记录（何时、何地、何人、何事、如何处理）并及时转告。

通话完毕不要急于放下电话，一般位尊者先挂机，挂机前要道"再见"，轻轻放下电话。

温馨贴士

接听电话时令人不悦的不礼貌行为和表现

1. 不报姓名，用"是我"代替姓名。
2. 单方面无礼地中断电话，不给对方反应的机会。
3. "一心多用"，同时和身边的人说话，而不用"对不起，请等一下"。
4. 承诺过会儿再回电话，但过时不打，让别人久等。
5. 讲话时，长时间不出声音。
6. 打错电话时不说"对不起，打错了"就挂断电话。
7. 来电时只留姓不留名，或不留姓名却希望别人回电话。
8. 接听电话时，嘴里吃东西。

9. 接电话后，滔滔不绝地讲，使对方没有机会反应。

10. 在不适宜时打来电话，表示“就两句话”，却没完没了地说。

11. 结束电话时，猛地放下电话，声音刺耳。

12. 未遵循“尊者先挂机”的礼仪原则，与尊者即长辈、上级、女性等通话时先挂电话。

二、使用手机的礼仪

（一）手机的放置

若学校实行“手机入袋”管理，同学们在上课前应主动将手机关机并放入指定的手机袋，下课后记得拿回。

在公共场所给手机充电时不要让手机离开自己的视线，以免丢失。最好不要在睡觉时给手机充电，充电完成后要及时拔掉插头。

（二）拨打、接听手机

拨打、接听手机除了要遵循拨打、接听电话的礼仪外，还要注意以下礼仪。

在公交车、影剧院、图书馆等公共场所应侧身轻声接听手机。

在与人交谈时，不要看手机。在公共场所使用手机要注意不要打扰到他人。开会时应将手机设置为静音，以示对他人的尊重，避免打断讲话人的思路。用手机播放音乐时最好使用耳机。在医院病房最好不要频繁地使用手机，以免影响病人休息。

尊重他人隐私，最好不要随意借用别人的手机。

使用手机还要注意安全，在公共场所给手机充电时不要让手机离开自己的视线，走路、乘坐电梯、骑车、驾驶车辆时最好不要使用手机，在加油站禁止使用手机接打电话。

使用个性手机彩铃应谨慎，以免令人误会，给生活和工作带来不必要的麻烦。

要保证手机通信畅通。告诉他人手机号码时力求准确无误。如果是口头相告，应重复一两次，以便对方进行验证。若自己的手机改了号码，应及时通知重要的联系对象。

礼析启思

案例：

刘先生到医院探访住院的朋友，公司的同事来电话，铃声让另一床正闭目养神的病人睁开了眼睛。刘先生接起电话就谈上了工作。尽管电话时间不长，但那位被打扰了的病人一直脸色不悦，刘先生的朋友见了，连忙说：“影响您休息了，不好意思啊！”

点评：

在医院病房这样的特殊场所最好不要使用手机，如果有重要事情不得不接听或拨打电话一定要顾及他人的感受。刘先生在探视病人时接听电话，既打扰了其他闭目养神的病人，也让自己的朋友感到尴尬。这是不尊重他人的表现。

讨论：

请列举同学们在校园生活中见到的不合礼仪的手机使用现象。

课堂活动

近年来，随着智能手机的普及，生活中出现了很多使用手机时没有注意安全的现象。举例说说使用手机时应注意哪些安全事项。

（三）收发手机短信

随着手机的普及，收发短信也成为人们日常生活交往中重要的沟通方式。同学们在收发短信时一定要注意细节，体现对对方的尊重和体贴，以展现良好的修养。

发手机短信，最好先礼貌地称呼对方并问好，可写上姓名，再叙述具体的事情，重要内容可提醒对方“收到请回复，谢谢”。如：“李老师您好，我是贾梓楠，昨晚感冒发烧，需要去医院看医生，想今天上午请假四节课，希望您能批准。下午赶到学校上课时，我把病历带给您，并补交请假条。谢谢！”也可将病历等拍照发给老师。

发手机短信要注意时间和场合，不要没完没了地发短信，时间太早、太晚也不要发短信。

编辑手机短信内容要合法、健康，用字用语要规范准确、表意清晰。

祝福短信一来一往足矣，最好不要群发祝福短信，或把别人发来包含有落款的祝福短信直接转发给亲友。

收到短信要及时回复，如果有事没来得及回复，要诚恳地解释。

对于一些重要的事情，在进行电话或当面的邀请或确认后，可适时用短信方式婉转地提醒对方，这比多次打电话进行确认要礼貌。

不要随意转发不确定的消息，收到不良短信可建议或告诫发送者停止发送。

涉及隐私的短信最好及时删除。

三、使用社交软件的礼仪

（一）使用社交软件收发信息的礼仪

使用社交软件收发信息的礼仪与收发手机短信的礼仪一致，这里不再赘述。

（二）使用社交软件群聊的礼仪

互联网使我们与他人的联系更加方便快捷，我们在使用虚拟的社交群聊时虽然不是面对面地与人交谈，但也要注意自己的言谈合乎礼仪规范，给他人留下好印象。同学们在群聊时应做到：

1. 用语要文明礼貌，处处体现对他人的尊重。

2. 遵纪守法，不散布迷信、谣言，不传播不健康、违法的言论。

3. 在群中收到老师或领导布置的任务要及时回复。

4. 尊重他人的隐私，不要把对方与你私聊的信息公布在群里，不要在群里当众批评他人，可以通过小窗私聊的方式向对方真诚地指出其不足。

5. 对持不同的意见，可以平心静气地讨论，但要以理服人，不要人身攻击，更不要故意挑衅。

礼析启思

案例：

周日，小白的舍友小刚把偷偷拍下的小白打哈欠的照片做成表情包，发在宿舍微信群里大肆宣扬，其他舍友又在表情包上进行了滑稽可笑的二次创作，小白很恼火，感觉自己被丑化、讥笑了，立马抗议。小刚和舍友当即答应他以后不再发了，还把发在群里的表情删了。可没过几天，小刚又在小群里发了用小白打瞌睡的照片做的新表情包，小白恨不得立刻把小刚暴揍一顿，但他意识到暴力行为不可取，于是找到班主任蒋老师……

点评：

在微信群里与他人交流一定要文明有礼，小刚和其他舍友在宿舍微信群里交流时，未经小白允许对其照片进行丑化，制作表情包并反复传播，令小白很恼火。小刚和其他舍友的行为是不尊重小白且缺乏法律意识的表现。

讨论：

小刚和其他舍友应如何做才能平息这场表情包风波，获得小白的原谅并与之重归于好呢？

（三）使用社交软件发帖或发视频的礼仪

社交软件发帖、发视频功能是深受人们喜爱的新型休闲交流方式。它的存在满足了朋友之间的心理沟通和交流需求。同学们在发帖或发视频时要注重对他人的尊重和体贴，从细节处体现自己良好的修养，要注意遵循以下礼仪：

1. 每天发帖或发视频的数量不要太多，切勿频发营销帖，以免刷屏打扰他人。
2. 发帖或发视频应该彰显个人品位，应多传播正能量，体现精神文明。
3. 不要转发违法的、不健康的或散布迷信、谣言的帖子或视频。
4. 不要发炫耀性的帖子或视频。
5. 对朋友圈朋友们发的帖子或视频进行点赞和评论应真诚友好、用语文明。
6. 保护自己的隐私，不要发布自己重要的个人信息，如晒有身份信息的车票、带有自己银行卡号的购物票等图片或视频，以免被他人利用，给自己带来不必要的麻烦。

四、书信交往的礼仪

虽然现代通信设备很先进，大家丝毫没有“烽火连三月，家书抵万金”的感觉，但书信来往带给人们情感和文化上的意义是任何现代通信设备都比不了的。手捧家人或朋友的亲笔来信，你会感到温馨和感动，因为这是花费一番心血才写成的。

（一）书信的基本格式

书信往来是流传很久的通信方式，其遵循的规范和礼仪也是较多的。写信要用圆珠笔、水笔、钢笔或毛笔，不应用红笔或铅笔，信纸质量要好，不要太薄、太软、太粗糙。

书信由称呼、正文、结尾、署名和日期几部分组成，其基本格式要求如下：

1. 称呼

首行顶格写对收信人的称呼，称呼后加冒号，如果关系亲密，称呼前可加上“亲爱的”“敬爱的”等。

2. 正文

第二行空两格写正文，一行结束后要顶格书写。若正文内容较多，可以分段。

3. 结尾

结尾写祝愿或表示敬意的话。“祝”“此致”等词语可以接正文写，也可以另起一行空两格写。“身体健康”“敬礼”等词句另起一行顶格写。

4. 署名和日期

在正文的右下方，分两行写署名和日期。

如果漏写了某些事情，不必涂改或重写，可以在落款下添上几句，往往在这几句前注明“又及”两字。

亲爱的爸爸、妈妈：

　　……

　　祝：

身体健康，工作顺利，万事如意！

爱你们的女儿：小琴

××××年××月××日

（二）信封的书写要求

书写信封时要注意，信封上收信人的姓名和称谓是告诉邮递员这封信的投送对象，寄信人在信封上对收信人的称呼是邮递员对收信人的称呼，而不是寄信人对收信人的称呼。在信封上，一般只写收信人姓名加上“同志”“先生”“女士”等称谓就可以了。

如果是托人捎带转交的信件，应在信封上方偏左的位置，视具体情况写上“请交”“烦交”“面交”“呈交”“专送”等字样。如果捎信人熟悉收信人的地址，就不必写收信人的地址，寄信人的地址一般也省略，只写“× × 托”或“× × 拜托”即可。有时，为了表示对捎信人的尊重和信任，信件内容不涉及公私秘密的，信封可以不封口。

模块六　交谈礼仪·善言雅语悦人心

一、交谈的原则

（一）真诚坦率

与人交谈时，要专注认真、诚恳坦率、自然从容、和蔼可亲，使用得体的目光和语调认真地对待谈话。坦诚相见、直抒胸臆，能使人感到亲切自然；虚情假意、言不由衷，则会出现“话不投机半句多”的尴尬局面。

（二）互相尊重

交谈是思想、感情的双向交流，必须顾及对方的心理需求。交谈双方无论地位高低、年长年少，在人格上都是平等的，要尽量少用“我”字，少谈“我”事。不要随便打断别人的谈话；不要随便提问扰乱别人的思路；不要随便否定对方的观点和陈述的内容；不要强迫对方当面表态；不要打听别人的隐私，如履历、工资收入、家庭财产、婚姻状况、衣饰价格、生理缺陷等；不要抢白别人；更不要说有损对方人格和尊严的话语。

二、交谈的技巧

（一）言之有物

交谈的双方都想通过交谈获得知识、拓宽视野、增长见识、提高水平，增进与对方的思想和感情交流。因此，交谈要有观点、有内容、有内涵、有思想。我们在交谈时，讲述的内容应具体而充实，要明确地把话说出来，将信息准确地传递给对方，正确反映客观事物，恰当地揭示客观道理，贴切地表达思想感情。如赞美对方“很棒”，可以说：“太棒了，你做事的效率真高，这么短的时间里就把这些数据准确无误地统计出来了”；批评他人可以说：“你在教室里打闹，不小心碰倒了 × × 同学的画板，弄脏了她刚完成的画作，你要向她道歉并弥补你的过错”；道歉则可以说：“对不起，我错了，我不应该在教室里追逐打闹，弄脏了你的画作。我帮你重新调整画板，准备画纸，陪你重画好吗？”

礼析启思

案例：

教育家、修辞学家陈光磊是语言学家陈望道先生的第一个研究生。谈及他对陈望道先生的印象，陈光磊说：“陈先生是第一位把《共产党宣言》翻译成中文的人，担任过《辞海》的总主编，是个实实在在的大书生、大文人。”他告诉记者，当年他报考了陈先生的研究生后就后悔了，因为之前他曾发表过一篇驳斥陈先生学术观点的文章，然而让他感到意外的是，陈先生非但没有因此介怀，还录取他作为自己的第一个研究生。陈光磊说，直到现在，想起这件事，内心就会觉得很温暖。

点评：

谈及人物，有的人总会说这个人的头衔、成就、人品之类的话，这种泛泛的交谈很难给对方留下深刻的印象。而陈光磊通过叙述自己的亲身经历，将陈望道先生爱护青年学生的胸怀表现得生动具体，令人感动。

讨论：

结合具体细节和事例，说说你对同桌的印象。

（二）言之有序

交谈要有逻辑性、科学性，要善于根据交谈的主题和中心设计说话的次序，安排说话的层次，思路要清晰，内容要有条理性，布局要合理。

（三）言之有礼

交谈时要讲究礼节礼貌，态度要谦逊，语气要友好，内容要适宜，多使用“请”“谢谢”“您”“不好意思”等礼貌用语。谈到自己时要谦虚，谈到对方时要尊重，努力营造和谐信任、亲切友善、轻松愉快的交谈气氛。

1. 认真专注

交谈双方要互相正视，互相倾听，并适当辅以微笑、点头，做出积极友好的回应，并在适当的时候发表自己的看法；如果出现交谈双方目光对视的情况，不要躲闪。在对方讲话时，不要东张西望，或同其他人说笑，或总是看手表、玩手机，或面带倦容、哈欠连天等，这些动作显得听话者心不在焉、极不耐烦；伸懒腰、玩弄手指、活动手腕、修剪指甲、双手插在衣袋里等动作则显得傲慢无礼，对讲话人不尊重。

礼析启思

案例：

某公司遇到一位脾气火爆的客户，这位客户对公司的工作人员破口大骂，还威胁说要进一步投诉。于是，公司派了一位善于倾听的客服人员去会见这位客户。客户一见到客服人员就大声训斥他，并抱怨该公司的服务不到位，而这名客服人员只是静静地倾听，不时记一些笔记，又连续两次上门听他诉说不满。就在客服人员再次上门时，客户的怒气已消，最终打消了投诉的念头。

点评：

这位客服人员耐心地倾听客户的训斥、抱怨和不满，体现了对客户的充分尊重，使客户深受感动，心中怨愤渐消，冷静下来后也通情达理了，正是客服人员的倾听顺利化解了客户与公司之间的矛盾。

讨论：

生活中你遇到过这种脾气火爆的人吗？当对方暴跳如雷时，你是如何回应的呢？

2. **周到体贴**

讲话时要注意别人的情绪，顾及他人的感受，既不能只顾自己滔滔不绝，也不能太过沉默。交流中应该适当对对方表示关注，积极寻找与对方有关或对方感兴趣的话题，避免冷场。谈话现场超过三个人时，要适时照应所有在场的人：不时地与较少参与谈话的人进行一些语言或眼神的交流；主动与想和自己说话的人交谈；他人若想参与谈话，应点头示意，表示欢迎；欲加入他人的谈话要上前打招呼。尤其需要注意的是，同女士们交谈要礼貌而谨慎，不要与其中某一位女士交谈时间过长。

3. **恰当得体**

与别人交谈时，除非对方要求你谈谈自己的事，否则不要总是以自我为中心，更不能总是自夸、一味地表现自我，这容易令他人反感。不能使用粗俗不雅的字眼，要恰当地运用敬语和自谦语。夸奖他人要真诚、恰如其分，不要违心地恭维他人。受到别人夸奖时既不能得意，也不能过分谦虚，应礼貌致谢。对自己不知道的事情，不要充内行。

礼析启思

案例：

1981年1月，钟南山已在美国一家大医院进修了3个多月，取得了一些阶段性研究成果。为了解国外先进的医学临床技术及最新情况，他很希望到罗伯特教授主持的非常著名的一家临床医院去看一看，如果能跟着他一起查查病房就更好了。经过艰难的预约，罗伯特教授同意见面，但只答应给钟南山10分钟时间。

钟南山如约走进了教授办公室，罗伯特教授头也不抬，一边摆弄着手中的钢笔，一边再次提醒钟南山说，预约的时间只有10分钟。钟南山没有客套，他说："我读过您的一本书《医学生的伴侣》，觉得它很有意思。"罗伯特放下笔，有些怀疑地问："你真的读过我的这本小册子？"钟南山做了肯定的回答，然后对书中一些主要观点进行了简要评述。

听了他的评述，罗伯特一下子兴奋起来，两人从预约的11点一直谈到12点15分。而后，罗伯特又应钟南山的请求，同他一起查看了病房，临别时，还把一本刚出版的精装本《医学生的伴侣》送给他，并在书的扉页上认真题字。

点评：

每个人都有为之自豪的事情。在与罗伯特教授交谈时，钟南山并没有恭维对方，只是抓住其在意之处，令罗伯特教授感到惊喜而对他产生了好感，于是与之开怀畅谈，一起查看病房，并向他赠书题字。

讨论：

在与人交谈时，若对方过分恭维你，你的感觉如何？

4. 平和谦让

和谐的谈话气氛能使交谈双方感到愉快，但观点不一致和意见有分歧的情况也常见。如果遇到分歧，可用商量、讨论等缓和的方式与对方沟通，不要固执己见、得理不饶人。不可当众批评他人，使对方陷入尴尬、窘迫的境地；也不要激化矛盾，使双方争执不下；更不能讥笑、讽刺他人，伤害对方的自尊心，使对方产生抵触情绪，导致交谈无法继续进行。在社交场合，应尽量避免容易引起争执的话题。最好能多传递一些正能量，少抱怨，少发牢骚，在对方心情不愉快或情绪激动时，不妨风趣幽默一些，缓和紧张的气氛，消除对方的不快。

礼析启思

案例：

简蓉心灵手巧，十分能干。她每天早早起床为一家三口精心准备丰盛的营养早餐，午餐、晚餐也总是花样翻新，美味可口，丈夫常夸她，并自称是“幸福的吃货”，总是乐呵呵地带着女儿主动收拾、洗碗、擦桌子。周日，简蓉一家来到父母家，她和妈妈为全家做了一大桌丰盛的菜，每道菜色香味俱全，大家赞不绝口。午饭后，简蓉见丈夫的盘子刷得不干净，桌上还有碗和盘子没收，于是生气地责怪道：“我每天为你们换着花样做一日三餐，来到爸妈家，妈和我辛辛苦苦忙了大半天，你们洗几个碗还要打折扣啊！”丈夫听了，立马冲

岁的女儿叫道："闺女，快，趁你妈妈的小宇宙爆发之前，快把桌上那几个碗和盘子拿过来，咱俩把碗洗了！"简蓉一听，顿时乐了，心中的怨气一扫而光。

点评：

简蓉的丈夫在妻子生气时，只用了一句轻松幽默的话就令妻子怨气顿消，解除了"警报"，令家中气氛轻松而愉快。

讨论：

如果简蓉的丈夫对妻子回以"我能洗碗就不错了，嫌我洗不干净你自己洗啊"之类的气话，事情将会如何发展呢？

5. 亲切动听

与人交谈时要力求从音调、吐字、音量、语速等方面表现出亲切动听。说话时要注意音调的高低变化，不要长时间保持同一语调，否则会使人感到单调；还要注意口齿清楚，不要有太多尾音，停顿要恰当，要根据听者距离的远近适当控制自己的音量；说话的速度也要适中，在主要的词句上要放慢速度加以强调，在非重点内容上可以稍稍加快速度；说话的音量和音调要随着内容和情绪的变化而变化。

6. 真诚友善

翻译家傅雷说："一个人只要真诚，总能打动人的；即使人家一时不理解，日后仍会了解的。"与人交谈时，我们要真诚地将自己置身于平等、谦和、友好的交谈氛围中，想对方之所想，言对方之所言，尊重他、关心他，注意言辞，力戒空话、套话和大话。以诚待人者，人亦以诚回应，彼此的心灵开放，才能为交谈注入新鲜的活力。

礼析启思

案例：

新入职不久的小关不情愿地接受了同事的请求，替代其完成工作，却因数据错误被领导严厉批评。她抱怨同事不认账、领导冤枉自己，担心因此影响自己的职场前途。小关的好朋友安迪耐心地听完她的哭诉，告诉她"聪明的人应第一时间解决问题，把损失降到最低"，继而又告诉她如果她真的失业了，自己愿意推荐新的工作给她，因为她"很认真，能够做好事情"，并鼓励她"需要改掉你的一点点娇气"。小关破涕为笑，决心重新振作起来。第二天，领导看到小关的检讨书时露出了微笑。

点评：

在职场新人小关工作受挫向好朋友安迪哭诉时，安迪通过耐心倾听、直言告诫、温柔劝导、真诚赞美、热情鼓励，令小关茅塞顿开、信心倍增。小关对安迪充满了感激，两人因此更加亲密。

讨论：

思琪在学校校园歌手大赛中因感冒影响了发挥，屈居第二名，心里很难过。作为好朋友，你想对她说些什么呢？

7. 表情恰当

人们通过表情来传情达意，表情是人表现在面部或姿态上的思想感情，在人与人的交往中占有相当重要的位置。在与人交谈时，一个人的表情主要是通过眼神和微笑体现出来的。所以，同学们在与人交谈时，除了要与对方有恰当的眼神交流外，还要注意保持微笑。

如果同学们能在与他人交谈时讲究方法和礼貌，相信一定能使你的谈吐更高雅、更有风度，也使你更有亲和力。

文明社交，约之以礼。

礼仪是心与心的无声契约，更是人际交往的“隐形密码”，藏在真诚的问候里，落在握手的温度里，融在微笑的弧度里。从《礼记》“人有礼则安”的古训，到今日“细节见修养”的共识，礼仪从不是束缚，而是素养的刻度、心灵的纽带。让我们将礼仪刻进每一次互动，让每一次相遇都成为文明的注脚，让彬彬有礼成为新时代青年的社交名片。

思考练习

1. 简述称呼和居间介绍的顺序。
2. 简述握手的礼仪及握手时伸手的先后顺序。

3. 拜访前应做好哪些准备?

4. 接待客人应做好哪些准备?

5. 如何引导客人上下楼梯和乘坐电梯?

6. 简述交谈的原则和技巧。

课后训练

看不见的教养

（有删改）

张燕峰

前些天，跟同事一起乘火车到苏州出差。每到一站，列车员都要清理卫生，同事每次都主动把桌子上小铁盘里的果皮纸屑倒进列车员手中的黑色塑料袋子里（尽管那些杂物大多与她无关），从没有憎嫌那个黑色大袋子里散发出的难闻气味。临下车的时候，她起身，把座位上和靠背上的套布整理得平平整整，那一丝不苟的表情，好像在举行一个神圣的仪式。

我不解地问："你马上就要下车了，还管那么多干什么？"她笑着说："我下车了，马上就会有人坐到这里，为了让别人看着舒服些。"

到苏州后，我们来到一家快餐店，吃完饭后，她把那些不可回收的垃圾放在一个托盘里，并且用餐巾纸盖上，把碗碟和玻璃杯子整理好，放在另一个盘子里，等到服务员过来收拾餐桌的时候，她端起那只盛垃圾的托盘，以 45 度角倾斜倒进桶里，一点都没有洒到服务员的身上。服务员没说话，但从她骤然之间变得明亮、温柔的眼神和嘴角隐隐的笑意中，我体会到她心底荡漾着感激的涟漪。

我们办完事，准备离开宾馆时，她再次把床铺做了整理，把屋子里的一切都一一归位。我担心误了火车，提醒她宾馆的服务员会收拾的。她依旧有条不紊地做着，她说："试想一下，如果房客把房间弄得乱七八糟，势必增加了服务员的负担。现在，咱们把房间收拾得整洁干净，她心里一定会想，这个房客真是一个有教养的人。那样她会忘记工作的辛劳，心情一定会愉悦起来的。"

一路颠簸，我们终于平安回来。她开车送我回家，正是雨后，路面上积了不少水，行人们提着裤脚，小心翼翼地绕着积水走，生怕溅到衣服上。从积水的地方经过时，她每每放慢车速，缓缓驶过。我注意到路边的行人，他们都对这辆车报以微笑，那是发自内心感激的笑。

从苏州回来很久了，但回想苏州之行，觉得那真是一段妙不可言的旅程，好像有一朵洁净之莲在心底悠然绽放，芬芳无比。

是的，同事所表现出的点点滴滴，并不是刻意为之，而是不经意间的自然流露。

难怪，她无论走到哪里，都会大受欢迎，每一个与她有过交集的人都深感幸运。她总是设身处地地为别人着想，把对他人的体恤和关怀发挥得淋漓尽致，让在茫茫人海中匆匆奔波的人们，得到一种被尊重的满足、一种被体贴的温馨。

看不见的教养，就像一朵清新出尘的莲花，沁人心脾；就像一股浅浅的山泉，清凉澄澈；就像一缕煦暖的阳光，明媚亮丽。看不见的教养，很朴素，但总闪烁着动人的光芒，给我们的生活带来更多的美好和感动。

感悟：

在社会交往中，真诚友好的态度和言语不仅体现着对他人的尊重，也体现着自身的良好修养。同学们应该时时注意严于律己、宽以待人，用良好的礼仪修养来表达对他人的尊重、友好、敬佩与善意，增强相互间的了解和信任，以获得和谐、美好的人际关系。

上文中，同事的哪些言行体现了其极高的礼仪修养并令人深为感动呢？

行动：

1. 请设计具体情境，将你的一位好朋友介绍给你的父母。

（1）你要介绍的好朋友：______________________________

（2）你设计的情境：______________________________

（3）你会这样介绍：______________________________

（4）请你为好朋友和你父母设计见面时的寒暄语：______________________________

____

____

2. 班级里举办“技能成就梦想”主题班会，邀请的嘉宾之一是与本班同专业、刚刚获得省技能大赛云计算项目冠军的学长杨永亮同学，请你作为主持人，热情得体、充满激情地向大家介绍他的出场。

3. 两人一组，自行选择一位拜访对象（学校领导、老师、同学或宿舍管理员等），完成一次校园拜访，邀请拜访对象合影，上台展示合照并说说此次拜访的体会。

4. 以小组为单位，根据以下内容上台进行情景再现或拍摄成视频在课堂上播放，请同学们评议：烟雨蒙蒙，你的妈妈来学校给你送衣物，并拜访班主任李老师，李老师热情地在办公室接待了你们。

情景再现时要求包含拨打电话、拜访、居间介绍、接待、倒茶、道别等内容，并使用相应的引导手势。

5. 请在某个节日来临之际，为自己的父母分别编辑一条温馨的祝福短信：

（1）______________________________

____

（2）______________________________

____

6. 班主任引进企业的7S管理模式以加强班级卫生管理。一天，值日生小徐扫地，竟被要求扫了3遍，气得他发微信朋友圈吐槽班主任。徐妈妈看到了，说他不懂班主任的苦心，发朋友圈吐槽班主任，让班主任或同学看到了都不好。小徐更加生气，屏蔽了妈妈。以后不管妈妈如何和他沟通，就是不取消对妈妈的屏蔽，还说很多同学对父母都屏蔽了微信朋友圈。这件事一直让徐妈妈耿耿于怀，想起来就觉得很郁闷。

若你是小徐，请结合所学的通信礼仪、交谈技巧等相关知识，给妈妈写一封信，就此事进行真诚的沟通。要求格式规范，语句流畅，字迹工整，内容具体，不少于500字。在班上分享自己的写信感受。

生活礼仪篇

生活礼仪是人们在公共生活和相互交往中约定俗成、普遍遵循的基本行为规范，涉及个人在家庭、邻里、公共场所、交通、出游等方面的人际交往中言谈举止、待人接物的具体规则和惯用形式，既体现了一个人的文明素养，又体现了对别人的尊重。

模块一　家庭礼仪·吾老人幼皆亲爱

家庭是人生的第一个课堂，是社会的细胞，是构成社会的基本单位。家庭环境是我们每个人接触的第一个环境，是行为习惯养成的第一个场所。自古以来，人们就十分重视家庭的和谐稳定，《周易·家人》中说："正家而天下定矣。"家庭礼仪指的是人们在长期的家庭生活中逐渐形成的行为准则和礼节。

有同学说："每天都与家人相处，亲人之间的关系很密切，难道也用得着客套、用得着讲究礼仪吗？这会不会是假客气呢？"很多同学都清楚，在人际交往中，讲礼貌的话、用礼貌的态度待人是很有必要的，他们也会自觉地注意礼仪修养。但对自己的家人或熟悉亲近的人，就认为没有讲礼仪的必要。这种观念当然是错误的。在家中讲礼仪是对家人真心诚意的尊重，也更有利于家庭的幸福和睦。

父子和而家不败，兄弟和而家不分，妯娌和而争论息，夫妇和而家道兴。和睦是家庭幸福的关键。如果我们每个人都能与家人互相体贴关心，彼此宽容体谅，处处以礼相待，那么家庭生活一定会充满温暖和欢笑。

一、与父母相处的礼仪

（一）对父母谦恭有礼

在家里，子女向父母勤问候，是尊重和体贴他们的实际表现。父母工作劳累之余，如果能得到你一个充满爱意的问候，那么，他们的疲惫、烦恼，甚至病痛，都会在你像春风一般的关心中消失。

看到父母进出家门要主动打招呼，接过父母手中的物品并道一声辛苦，送上一句问候："妈妈您回来了，辛苦了，外面很冷吧？我帮您倒一杯茶暖和暖和吧！""爸爸再见，下班后早点回家！"

上学、放学进出家门时，要告知父母。需要外出时，要说清出行目的并征得父母的同意。

每次外出回到家，要及时和父母打招呼："爸、妈，我回来了！"主动向父母叙述有关情况。在外留宿或留同学在家住宿，请同学好友来家里聚会，都要征得父母的同意。

早上起来时，一声问候不能省略："爸爸，早安！""妈妈，早上好！"晚上睡觉前，也别忘了向父母说："妈妈，睡个好觉！""爸爸，时间不早了，早些休息吧，晚安！"

要尊重体贴父母，应特别珍爱、保护父母的纪念物及兴趣所系之物，那是他们奋斗历程的见证、真挚情感的寄托。

（二）主动承担家务，多做力所能及的事

同学们在家里要经常主动承担清扫房间院落、择菜洗菜、洗衣洗碗等家务，掌握一些诸如做饭烧菜、维修、田间耕作等劳动技能，做父母的好帮手。这既能使父母倍感欣慰，也能让自己获得劳动的快乐、成长的幸福，同时也能提高自己的生活能力。

（三）注重和父母沟通，尊重理解父母

同学们要加强与父母的沟通，经常主动地将自己在学习、生活、思想等方面的情况告知父母，让他们分享自己的喜悦，帮助自己消除成长的烦恼。在自己生日等特殊日子里，请父母讲讲自己成长中的故事。如果是在外求学，要经常和父母保持联系，汇报自己在学校的表现，关心他们的工作情况、身体状况。

和父母谈话时要平心静气、耐心认真地倾听，虚心接受父母的意见和建议。当父

母和自己的意见不一致时，不要当面顶撞、争吵。如果是父母不对，可以寻找适当的机会，当面或以电话、短信等恰当方式耐心地跟他们分析、解释。不要向父母发脾气，甚至呵斥、责骂父母。

要了解家庭的经济状况，体贴父母挣钱不易，平时注意理性消费。当自己提出的要求父母没有答应，特别是当我们只是试探性地提出要求但让父母感到为难时，要体谅父母，不要任性地强迫父母竭力满足自己。

作为子女，同学们还要充分理解父母在家庭、社会中的多重角色，体谅他们在生活工作中的艰辛和困惑，体谅他们在家中的感情起伏、情绪波动。当他们在工作中遇到困难感到疲惫劳累时，我们要及时给予安慰和关心。

课堂活动

马克·吐温在一篇文章中写道："当我 7 岁时，我感觉我父亲是天底下最聪明的人；当我 14 岁时，我感觉我父亲是天底下最不通情达理的人；当我 21 岁时，我忽然发现我父亲还是很聪明的。"

1. 在你的日常生活中，有过和马克·吐温 14 岁时相似的想法吗？

2. 你近来和父母在哪些问题上产生过分歧？你和父母分别持什么观点？

3. 同学们若能认识到父母和自己之间存在着思想认识、生活阅历、思维方式、处事方式等各方面的差异，就能在争端发生时试着从父母的角度理解他们对自己的关心，就能学会换位思考并进行积极沟通，真正做到尊重父母。

请填写表格。

我与父母争执的问题	父母的观点	我的观点	换位思考、积极沟通可以这样做
示例：父母催我早起上学	快迟到了！你就不能早点起床？总是不听话，做事拖拉，让我们担心。	我上学从没迟到过。你们总是看不惯我，这不是还来得及吗？你们的担心真是多余！真烦人！	爸、妈，对不起啊，是我不好，这种小事还要让你们费心。我知道你们很关心我，以后我会努力早起。
1.			

续表

我与父母争执的问题	父母的观点	我的观点	换位思考、积极沟通可以这样做
2.			
3.			

（四）利用适当时机，表达对父母的关爱

同学们要关心父母的健康，当父母生病时，要陪同他们上医院，在端药送水的同时，时时加以安慰："爸爸，您身体好些了吗？好好休息，很快就会好的。""妈妈，您想吃点什么？我去买。您放心歇着，家务活我会干。"过新年时，在向同学、亲友祝颂的同时，别忘了对自己的父母深情地说一声："爸爸、妈妈，新年好！"

不善于向父母表达内心的关爱，是很多人共同的苦恼。其实，在生活中，当我们习惯了真诚、坦然地向父母说"我爱您""谢谢您"时，我们会发现，因为爱的流露和表达，我们会与父母建立更加快乐、亲密、幸福的关系。

每逢父母的生日，给父母发条短信，打个电话，订购一个生日蛋糕，亲手做一碗香喷喷的长寿面，主动给一个热情的拥抱，或者送上一件小礼物（如丝巾、皮带、太阳镜、唇膏、防晒霜、鲜花、蛋糕、茶杯、木梳等），或者写一封充满浓浓爱意的书信，精心烹制一桌美味饭菜，亲手制作一张贺卡，献上深切的祝福："祝我亲爱的全能

工程师老爸：订单接到手软，事业像数控机床一样精准高效！我心目中的男神非您莫属哦！生日快乐！”“祝亲爱的妈妈母亲节快乐！今天我给您买了新的护手霜，以后换我当您的‘小太阳’，爱你么么哒！”

外出旅游时或拿到自己在课余时间通过实习等获得的劳动报酬时，要记得为父母精心选购合适的礼物，以表达对他们的感谢，这会令他们感到惊喜和感动。

二、与家中老人相处的礼仪

家中的老人含辛茹苦地养大了我们的父亲、母亲。没有他们，便没有我们的父母，更没有我们。所以，我们应该孝敬他们，对他们应特别讲礼貌。要依照对待父母的礼仪要求，对家中的老人尽心孝敬，还要特别注意满足他们随着年岁增高而更加强烈的自尊、依赖、求助需求，给予他们更多的关心、肯定和尊重。

老人年纪大了，走动不便，我们对他们要给予特殊的照顾：放学回家后，应该先到他们的房间问候，帮助他们做些小事，或说一些校园里的见闻，耐心地教他们用手机发短信等；吃饭时，应先扶他们入座，为他们盛饭夹菜；睡觉前为他们铺床盖被放蚊帐；在他们走动时可上前搀扶，在上楼、进电梯时更要精心关照；在节假日陪他们说话解闷、逛公园、访亲探友；在老人生病时，主动为他们煎药、喂药，问寒问暖；与老人交谈时要耐心倾听，不要顶嘴；在老人生日、节假日时，要向他们表示问候和祝福，精心挑选他们喜欢的水果、点心，这些都会让他们特别开心和满足。

三、与兄弟姐妹相处的礼仪

兄弟姐妹多是同龄人，朝夕相处，要做到处处符合礼仪，并不是一件容易的事。

在家里，如果你是哥哥或姐姐，应努力做到：时时处处以身作则，多干家务，努力成为父母的得力助手；遇事要宽宏大量，不与弟弟妹妹斤斤计较，更不要随意指挥他们干活；当弟弟妹妹求教或请求帮忙时，应耐心解答和给予帮助；弟弟妹妹有错时，不要在父母或他人面前斥责他们，以免伤害他们的自尊心，更不能经常在父母面前告状而引起他们的反感；万一与弟弟妹妹发生争吵，应当在父母面前首先承认错误。

假如你是弟弟或妹妹呢？最重要的就是尊重哥哥姐姐，不能有“我比你小，你应该让着我”的想法，更不能娇气任性，蛮横无理；与哥哥姐姐发生争执时，不要到父母面前去告状，以免加深兄弟姐妹间的隔阂。

总之，兄弟姐妹之间要相互谦让，彼此爱护，和睦相处，共同营造温馨祥和的氛围。每逢兄弟姐妹生日，可精心准备一份小礼物；当兄弟姐妹在学习或工作中取得令人惊喜的成绩时，应及时表示祝贺；而当兄弟姐妹遇到困难时，则要互相帮助，给予鼓励。

礼析启思

案例：

1998 年，吴建早出生于云南一个农家。3 岁时遭遇电击失去了双臂。8 岁时，他和 6 岁的弟弟吴建智开始了同年级、同班、同桌的求学生涯。在求学的十多年里，吴建智和哥哥形影相随，一双手臂两人用，穿衣、铺床、刷牙、洗脸、吃饭，都会帮助哥哥。他总是比哥哥早起，帮哥哥做好起床后的所有准备，晚上回到寝室又帮哥哥洗澡、洗衣服，然后才顾得上收拾自己，他总是宿舍里睡得最晚的。哥哥十分感激弟弟的付出。2018 年，兄弟俩同时参加高考，考了高分的弟弟为了继续照顾哥哥，放弃了更好的学校，选择和哥哥在同一所学校就读。2019 年，吴建智荣获第七届全国道德模范“全国孝老爱亲模范”称号。

点评：

吴建智从 6 岁起，坚持悉心照顾哥哥，用双手支撑起二人的生活和梦想，兄弟俩从没有吵过嘴，相亲相爱，坚强笑对生活，令无数人为之感动。

讨论：

1. 结合自己的生活实际，谈谈你从吴建智的事迹中受到的启发。
2. 你身边有兄弟姐妹相处影响家庭和睦的故事吗？请举例。

四、家庭用餐的礼仪

用餐之前要先洗手，主动帮助家长做好开饭前的准备工作，如摆好用餐时的桌椅，擦干净餐桌，摆好餐具，做好准备后请长辈入座。如果家中有客人，要主动和客人交谈，用心关照客人。

帮助家长盛饭端菜。盛饭时，不要盛得太满，端饭或端菜时，注意不要让手指粘到饭菜。端饭菜时要走得慢而稳。

端饭，要按照家人辈分大小依次端上。如果有客人共同进餐，要先端给客人。端菜，要先把好吃的菜和符合客人、长辈口味的菜摆放在靠近他们的位置。即使是自己最喜欢吃的菜，也不能因为自己爱吃就摆放在自己的面前。有时，长辈出于疼爱将你爱吃的菜让给你，摆放在你面前，你也应该礼让。

用餐时要注意坐姿端正，双肘不要张开过大，以免碰及邻座，双腿不要随意乱伸或抖动。夹菜、盛汤时要用公筷、公勺。要小口进食，闭嘴咀嚼，口中如有食物应避免交谈。席间如遇敬酒，未成年人应以茶代酒。

尽量避免在餐桌上打喷嚏、咳嗽，如果忍不住，应及时侧身掩面，并说“对不起”。如果要拿摆放在其他人面前的调味品等，应请邻座帮忙传递，而不要伸手横越。切忌用手指剔牙，应用牙签，并以手遮掩。

另外，家中如果有保姆、家政人员等帮助照顾家人、打扫卫生，也应该尊重他们的劳动与付出。我们要与他们友好相处，真诚以待，营造和谐愉快的人际关系，这样才能使家庭生活更加幸福温馨。

温馨贴士

拉椅让座

“拉椅让座”是指在餐厅等场合中，晚辈为长辈、男士为女士、下级为上级，或服务人员为客人拉开座椅请其入座，这是非常尊重对方的一种体现。此时，晚辈、男士、下级或服务人员应用双手扶着椅背将椅子轻而稳地拉出，然后，四指并拢、拇指略分开，掌心向下，用斜摆式的引导手势指向座椅，并微笑着看向客人，说“请您入座”“您请坐”。当对方在座位前站好后，则用双手将椅子往前轻轻推放到合适的位置，请其坐下。

模块二　邻里礼仪·美美与共胜远亲

邻里，不是我们的家人，有时却胜似家人，和我们没有血缘关系，有时却是我们最亲最近的人。

“行要好伴，住要好邻。”良好的邻里关系能让我们在生活中得到及时的帮助和支持，增添生活的温暖与安全感，构建和谐的居住环境。邻里共居一地，彼此以礼相待、互相尊重、互相帮助显得尤为必要，这也是传承中华优秀传统文化中团结友爱精神的体现。

一、邻里相处的礼仪规范

（一）日常见面礼仪

早晚相见，要热情主动地打招呼，一个真诚的微笑、一句简单的问候语，如“早上好”“下班啦”，能拉近彼此的距离。

遇到邻居家的老人和孩子，要格外有礼貌。对老人要像对待自己的长辈一样，礼貌称呼，主动让道；对待孩子说话也要温和亲切，如果孩子做错事，不能随意呵斥。

（二）公共空间礼仪

要遵守社会公德，爱护小区环境，维护公共利益。不侵占公用设施和公共空间，如不在楼道堆放杂物，不私自占用公共停车位等，保持公共区域的整洁和畅通。

主动打扫楼道、庭院等公共区域卫生，下雪后积极帮助邻居清扫出门通道；污水垃圾不乱泼乱倒，不高空抛物，维护公共环境的卫生。

礼析启思

案例：

清代大臣张英，官拜文华殿大学士兼礼部尚书。一次，张英的老家人与邻居吴家在宅基的问题上发生了争执，因两家宅地都是祖上基业，时间又久远，对于宅界谁也不肯相让，双方将官司打到县衙。又因双方都是名门望族，县官不敢轻易断案，于是张家人千里传书到京城搬救兵。张英收书后批诗一首云：“千里修书只为墙，让他三尺又何妨？万里长城今犹在，不见当年秦始皇。”张家人豁然开朗，退让了三尺。吴家见状深受感动，也让出三尺。“六尺巷”由此得名，六尺巷的故事也广为流传。

点评：

“邻里好，赛金宝。”要想营造和睦、愉快的邻里关系，遇到矛盾纠纷多换位思考，为对方着想，同时也要严于律己，善于自我反省、自我批评，主动承担责任，做到彼此谦和礼让、谅解包容、守望相助。六尺巷的故事同时也告诉我们要大度做人、克己处事，退一步海阔天空是处理人际关系的法宝。

讨论：

结合“六尺巷”的故事，说一说生活中你对宽容的体会和感悟。

（三）生活互助礼仪

“是亲必顾，是邻必护。”邻居之间要互相帮助。远亲不如近邻，我们在邻居遇到困难时要及时伸出援手，在获得邻居的帮助时要真诚致谢。

发现邻居有安全隐患，如忘记锁门、水管漏水等，要及时提醒；遇到天气变化，看到邻居晾晒的衣物未收回，要帮忙收一下。

邻里有困难时，主动上门探问，在力所能及的范围内提供帮助。比如，邻居临时有事需要找人照顾孩子，或者搬家需要人手等，都可以伸出援手。

（四）娱乐休息礼仪

要考虑自己的兴趣爱好、生活习惯会不会打扰邻居，做到娱乐、办事不影响他人，休息时间不宜大声喧哗。如在深夜弹琴，在家里敲打物品，看电视听音乐时音量过大，借用邻居的东西不及时归还等，这些看似是小事，却最容易伤了邻居之间的和气。

在楼里居住，楼上住户走动或移动家具动作要轻，尽量减少噪声。如果家里有会产生较大噪声的情况，如装修等，要事先和邻居打招呼，请求他们的谅解，并合理安排施工时间。

（五）尊重他人隐私礼仪

每个人都有自己的处世方法和私人习惯，即使是出于关心，询问人家的隐私也是很不礼貌的。要尊重邻居的隐私权，不要打听邻居的私事，给邻居足够的私人空间。尊重邻里的习俗和特殊习惯，不在背后议论、猜疑邻居。

不在左邻右舍间搬弄是非，不传播未经证实的谣言，维护邻里之间的团结和信任。

（六）节日交往礼仪

传统节日或假日，可以安排一定的时间和邻居一起玩或参加有益的活动，增进邻里之间的感情交流。

偶尔可以和邻居互相分享一些自家做的美食，如自制的点心、腌制的小菜等，加强邻里之间的情感联系。

二、处理邻里矛盾的礼仪

（一）要宽容礼让

邻里之间抬头不见低头见，对邻居不要苛求，谈得来的就多交往，谈不来的维持一种有距离的友好态度即可。

与邻居产生矛盾时要严于律己、宽以待人，应先从自身找问题、找原因，心平气和地沟通，得理让人，采取克制、谅解的态度和互相商讨的方式缓解冲突，合理、妥善地解决矛盾，切忌争吵打骂。

（二）要保持冷静

邻居就是比邻而居，没有贫富之分，也没有地位尊卑之分，做事、讲话、待人都应一视同仁。沟通时要保持冷静和理智，以平和的语气表达自己的想法和感受，倾听对方的意见，避免争吵和冲突升级。如果自己有错误，要及时诚恳地道歉。

礼析启思

案例：

家住 5 楼的孙先生担心装修期间的噪声给邻居们的生活带来不便，于是在装修之初多方征询邻居们的意见，尽量使施工时间避开大家的休息时间，并在单元楼门上张贴了“装修致歉信”，对给邻居造成的困扰和影响表达歉意，承诺会尽量减少噪声。邻居们对此深表理解，纷纷称赞孙先生为“贴心好邻居”。

点评：

孙先生在装修期间采取征询意见、张贴致歉信等方法，将装修对邻居造成的影响降到最低，得到了邻居们的充分理解，这种真诚、细致、温馨的做法深得邻居们的赞赏，对于邻里之间的和谐相处十分有帮助。

讨论：

你的生活中有这样的“好邻居”吗？请举例。

温馨贴士

从细节处凝聚邻里深厚情谊

邻里温情如春风化雨，一个举动可解急难，一份善意能暖寒冬。若人人将以下细节内化于心、外化于行，与邻里美美与共，“远亲不如近邻”必将成为社区里的最美风景。

1. 晨间相遇微笑问候：每日碰面时主动点头微笑，一句“早上好”传递温暖。

2. 雨前紧急收衣相助：见邻家晾晒衣物遇雨未收，顺手代劳避免淋湿。

3. 共享家常美食心意：烹饪时多备一份饺子或水果，分享给邻居尝鲜。

4. 应急物品主动支援：邻居急需工具或调料时，大方出借并附赠贴心提醒。

5. 关怀特殊群体需求：对独居老人或带娃邻居，主动询问“需要搭把手吗？”

6. 危险时刻挺身守护：发现邻家异常（如漏水、冒烟），第一时间敲门提醒或报警。

7. 尊重隐私避免打扰：串门前先联系，夜晚不喧哗，维护彼此生活边界。

8. 礼轻意重传递惊喜：端午送粽、元宵赠汤圆、夏日送水果、外出旅游送特产，用传统美食联结情感。

9. 长幼互助情暖人心：年轻人帮老人搬重物，长辈分享生活智慧反哺关怀。

10. 共建邻里支援网络：时时关注社区微信群，共享闲置物品，多行举手之劳，共建“一呼百应”的邻里互助圈。

模块三　公共礼仪 · 言行有度且自律

公共场所是指人们共同活动、停留的场所。作为和谐社会的一分子，我们需要参与各种社会活动，出现在各种公共场所，而公共场所礼仪最能体现一个人的自我修养水平，让我们赢得赞许、结交更多的朋友。人们在大街、商店、餐厅、酒店、影剧院、图书馆等公共场所讲文明、重礼仪，不仅是个人修养的要求和社交的需要，也是社会文明的需要。因此，学习并掌握公共场所的礼仪规范显得尤为重要。

一、排队等候礼仪

（一）耐心等候

排队时，耐心等候。等待时间过长时，不可喧哗、推搡。

（二）遵守秩序

排队要遵守秩序，讲究先来后到，依次而行，不要插队，也不能让熟人插队。

（三）间距适当

排队时应缓步前行，两人之间的距离保持在一臂左右。在有一米线的场所排队时，应站在一米线外等候。

二、用餐礼仪

（一）有序就餐，礼貌入座

用餐找座，如有专人引导，应按引导入座；如无人引导，应按先来后到顺序入座，不要贸然抢占空位。

（二）行为规范，举止文雅

在外用餐应参照前文家庭用餐的相关礼仪，入座后坐姿端正、举止得体，就餐时应闭嘴咀嚼，吃面、喝汤时不要发出声响。

（三）切勿浪费，保持洁净

在外用餐应尽量根据自己的食量点菜、取食，以免所剩过多造成浪费。若有难以下咽的食物，应妥善放入盘内，不要随处乱吐，以免弄脏餐桌。如在快餐店用餐，食用完毕，餐具应摆放整齐并放到指定位置。

（四）尊重服务员的劳动

对服务员应谦和有礼，对其服务应表示感谢，当服务员忙不过来时，应耐心等待，不要敲击桌碗或大声喊叫。对服务员工作上的失误，要善意指出、宽容以待。

三、购物礼仪

（一）遵守购物秩序

买东西、试衣服、交款，应自觉排队。排队时保持与前面顾客一臂的距离比较好。

（二）尊重营业员

购物时应对营业员谦和有礼，对他们的服务应及时表示感谢，对其服务不周表示谅解。若遇纠纷，应以事实为依据，心平气和地耐心说明，不要争执。

（三）慎重选取，物归原位

购物时，选取后又决定不要的商品要及时放回原处；选购水果等食物时，不要乱翻乱捏；试穿衣服时不要长时间占用试衣间，要保持衣服的整洁，试穿后挂好放回原处；使用超市的手推车，要注意停放的位置，不要妨碍他人，结账后应将其推放到指定位置。

（四）诚实消费

购物时若不慎损坏了物品，要如实说明，主动承担责任并照价赔偿。

四、散步礼仪

在公园、广场等公共场所散步时要注意自己的形象，讲究礼仪。

（一）注重仪表，举止文明

不要穿睡衣睡裤、背心拖鞋外出；不能穿行广场草坪，不要多人携手并行；不尾随围观，以免扰乱广场秩序，妨碍他人。异性同行时，不应表现得过分亲密，否则既有碍观瞻，又有不自重之嫌。

（二）互帮互助，互谅互让

遇到问路者应尽力相助，不要不予理睬。通过狭窄路段时，应礼让他人先行。在拥挤之处不小心碰到他人，应及时致歉。

（三）爱护公物，保护环境

讲究卫生，自觉爱护广场、公园里的各种设施设备。不要让自家的猫、狗等宠物到处乱跑。

五、观看影剧礼仪

第一，观看影剧时，应衣着整洁得体，准时或提前入场，对号入座。如果迟到，最好在幕间入场，如果是观看电影，没有幕间，则应提起脚跟悄悄行走，找寻自己的座位，同排的观众协助你入座时，应说“谢谢”或“对不起”。多人同往，男士应坐在靠近过道的位子上。

第二，爱护影剧院环境，不随地吐痰，不吃带壳的食物，不乱扔杂物。

第三，观看影剧时应脱帽，以免遮挡后面观众的视线。观看时坐姿要尽量稳定，不要经常左右晃动。不要把脚伸到前面的座位上，以免弄脏椅套，碰脏前排观众的衣服。如果不小心碰到了别人的衣服，应主动说“对不起”，避免因此发生口角。

第四，节目演出或电影放映时要保持安静，关掉手机或将手机调到静音、振动状态，不要谈笑、附唱或以手击拍。咳嗽、打喷嚏时要侧身掩面。

第五，遵守鼓掌的规矩。看剧时，在每一幕演出完毕后，应鼓掌；看芭蕾舞剧则应在舞段中间，在一段独舞或双人舞表演之后鼓掌；听音乐则在一曲终了或一个乐章结束之后鼓掌。希望演员返场时，可以持续地鼓掌，但不能一再要求加演，应照顾演员的体力。全部节目演出完毕，应向演员热烈鼓掌表示谢意，等待演员谢幕结束、幕布合上后再行离场。谢幕时，不要拥到台前围观。

第六，在影剧院举止要文雅，不可有过于亲密的动作。即使演出的节目不对自己的口味，或出了差错，也绝不能起哄、吹口哨、发嘘声、鼓倒掌、喝倒彩等。

第七，如无特殊原因，不要中途退场，不得已要中途退场，离座时要慢步轻声，并尽可能在幕间退出。有些人怕散场时拥挤，往往在散场前几分钟就提早退场，这不仅会影响他人的观赏情绪，也是对演员的不尊重，应该在散场后有秩序地退场，且退场时应带走纸巾等垃圾。

六、阅览礼仪

图书馆或阅览室是公共学习场所，是需要大家共同创造和维护的学习环境。阅览时能否爱护书籍，保持优雅文明的风度，能检验一个人是否具有良好的礼仪修养。

同学们到图书馆或阅览室看书时，要衣着整齐，排队进入阅览室，不要为他人占座。即使阅览室人很少，也不能利用空座躺卧休息。在阅览室内走动时脚步要轻，以免打扰他人。

需要在图书馆、阅览室学习一天的读者，如果自备了午餐，应该到餐厅、休息室或指定地点食用，不要在阅览室里大吃大嚼。这样既不利于对书籍的保护，也是对周围读者的不礼貌，破坏整体学习气氛。

（一）图书阅览礼仪

在看书或查找资料时，要遵守阅览规则，保持室内安静和整洁。不要大声说话或长时间在座位上交谈，不可有过于亲密的举动。

爱护书籍，不要在图书馆藏书上随意折角、画记号等，以免妨碍他人阅读；更不能把自己需要的资料、图片取走，或者撕走其中几页。如果需要资料信息，可在图书馆进行复印或用手机对所需资料进行拍照，绝不可为了占有资料而损坏图书。

借阅图书时，要看清注意事项和借书条上的要求，凭借书证借阅，借书证不得转借他人。若借书的人多，要耐心等待，不要站在借阅台前催促。

离开阅览室时要自觉将椅子归位，将所阅图书放回原处。

借阅图书要按时归还。

礼析启思

案例：

一位外国旅客到新加坡观光时，在新加坡图书馆借了一本图书忘记归还，返程登机时被拦了下来。因为新加坡的社会信用系统记录了其借书不还的行为，并在机场发出了警示。

点评：

在图书馆借书不还看似是一件小事，实则是不守信用、缺少社会公德的自私行为。很多国家都非常重视建立公民的个人信誉档案，一次逃票、一次借书不还等很小的失信行为都会毫不留情地记录在案，跟随公民一生。

讨论：

这件小事可以给我们哪些警示？

（二）电子阅览礼仪

电子阅览主要包括网络查阅和电子光盘查阅。

在利用网络进行资料查阅时，应遵守我国有关法律法规，严禁查阅反动、黄色、不健康的内容，更不能传播。网络上的资料和软件很丰富，但不要下载到图书馆的计算机上。

在使用电子光盘时，我们要轻拿轻放，严格按照操作规则执行，以免损坏。如果光盘中有所需资料，要征得管理员的同意，方可使用通过病毒检测的U盘对资料进行复制，以免病毒侵害图书馆的计算机。

模块四　交通礼仪·文明守矩保安全

一、行路礼仪

（一）路遇朋友，热情有度

行路时也要讲究文明礼貌，如路遇熟人要主动打招呼，互相问候。如果在路上碰到久别重逢的朋友，寒暄之后，还想多谈，要主动靠边站立，让出行人通道，不要站在马路当中或拥挤的地方，否则既妨碍交通，也不利于交流。

（二）讲究仪态，大方稳健

在街上行走，要注意自己的仪态，要端庄大方，不要左顾右盼、摇头晃脑。男士要表现出绅士风度，彬彬有礼。

（三）并排行走，讲究位置

人行便道的内侧是最安全的位置，应将其让给长辈、儿童或女士，晚辈或男士应行于外侧。若是三人成行，行走时应让尊者居中。遇到车辆多、光线暗的地方，走在外侧的一方应先走几步，并提醒和照顾其他人。进入室内时可先行一步，为他人打开门让其先进入。

（四）问路有礼，乐于助人

需要问路时应礼貌地和他人打招呼，然后用请求的语气发问，不论对方能否回答你的问题或给你指路，都应致谢。如果有人向你问路，要尽量热情地回答对方，如果自己不知道或不确定，应表示歉意或主动转问他人。

（五）举止文雅，讲究卫生

行路时还要注意保持环境卫生，不随地吐痰，不乱扔果皮、果核和脏物等。不要边走路边吃东西，那样既不雅观，也不卫生。

（六）相互礼让，与人方便

行路时要自觉遵守交通规则。行人要走人行道，过马路要走斑马线。无论是走人行道还是斑马线，都应靠右行。注意避让来往车辆，不要抢行，更不要闯红灯。

如果和老人儿童一起行走，应扶老携幼。在繁华的商业区或人群拥挤的地方，要有秩序地依次而过，不小心碰到别人或踩了别人的脚，要主动道歉。如果别人不慎碰了你或踩了你的脚，应该谅解别人。走路不要多人并行，不要追打嬉戏，这样做既不安全，又难免会妨碍他人行走，影响交通。

二、骑车礼仪

在我国的各种交通工具中，自行车、电动车以其轻巧、便利、环保、成本低廉的特点而备受人们的青睐，是老百姓最重要的出行工具之一。骑自行车或电动车也要遵守相应的礼仪。

（一）自觉遵守交通规则

骑车时要自觉遵守道路交通安全法规，按交通信号和交通标志骑行。礼让行人，红灯不越线，黄灯不抢行。骑车拐弯前要先做手势示意，并减速慢行。不在机动车专用道和人行道行驶。

（二）注意安全

骑车速度不要太快，不要与他人并排骑行，不要边骑车边嬉笑打闹、勾肩搭背、相互追逐、曲折行驶。在市区道路上不能骑车带人和带超长、超宽物品，这既危险，又影响他人。

（三）待人有礼

进出有人值守的大门，要下车推行，以示尊重。过路口时，要礼让行人，遇到前面的人动作缓慢，特别是老人时，不要超车，不要猛按车铃。如果撞到他人，应立即下车，询问对方伤情，必要时应将对方送往医院，不能逃之夭夭。

（四）文明骑行共享单车或电动车

《2024 年中国共享微交通研究报告》指出：在城市的脉络中，共享微交通正悄然改变着人们的出行方式。2024 年，共享单车和共享电单车已遍布全国 500 多个城市，用户规模突破 7.5 亿。这些“国民出行工具”不仅解决了“最后一公里”的难题，还重塑了城市空间与生活方式。

用户打开共享单车应用软件，就可以查看附近的共享单车及电动车分布图。找到车后，用手机扫描二维码即可开锁骑车。用毕要将车归还到指定地点，锁车成功即完成使用。

骑行共享单车或电动车要遵守相关规定，爱护车辆，文明骑行，有序停放。

三、乘坐公共交通礼仪

乘坐公共汽车、地铁、火车等公共交通工具应讲究乘坐礼仪。

（一）自觉遵守乘车秩序

要等车到站停稳后，按照先下后上的顺序，自觉从规定车门排队上车。提大件物品上车时，注意尽量避免撞到他人。遇到雨天，上车前要将雨伞放在塑料袋里，雨伞的尖顶部分应朝下，防止戳伤他人；穿雨衣乘车时，上车后应迅速脱去，装在塑料袋中，以免雨水沾湿别人。上车后，应尽量往车厢里走，主动为下车的人让道，使车厢内人流畅通。

下车应提前做好准备，提前向车门移动，若座位离车门较远，应礼貌地请其他乘客让路，不要等到站了再猛力向外挤。下车时等车子停稳后有秩序地快速下车，注意扶老携幼，乘坐公交车应从规定车门下车。

（二）自觉投币、刷卡、扫码或出示车票，主动礼让他人

上车后，应立即投币、刷卡、扫码或出示车票。如果是坐在座位上，要主动为上车的老人、儿童、孕妇等让座，要为他人的进出提供方便。

（三）保持车辆卫生

乘车时要保持车辆卫生。不要在车内随地吐痰、乱扔垃圾。咳嗽、打喷嚏要侧身掩面。散发异味的物品要事先包好，放在妥当的地方。

（四）注意形象

夏天乘车时，衣着不要过于随便，不可太短太露，更不能赤膊、露足。在公共汽车、地铁或火车上，不要过分亲密。车辆里座位的间距一般比较狭窄，所以不要跷二郎腿，更不要把脚伸出放在前排乘客坐的位子上或是伸长放在过道，以免影响他人通行或弄脏别人的衣服。

（五）乘坐火车应对号入座

乘坐火车，一般都要求对号入座，如果自己的座位有人坐，可以向对方礼貌地提出核对车票的要求，确定以后再落座。如果对方请求换座位，可以考虑给予帮助。

在非对号入座的公交、地铁或列车上，如果发现空座，可礼貌地询问旁人："请问这个位置有人吗？"确定无人后方可入座。

（六）注意安全

不管是乘坐公共汽车，还是地铁、火车，切忌把危险物品带上车。站在车厢里要扶好站稳，以免刹车时碰着、踩着别人，万一碰了、踩了别人要主动道歉。

此外，乘坐公共汽车还应尊重驾驶员，尤其应避免在公共汽车行驶中与驾驶员发生冲突。如果错过了要下车的站，不能强迫驾驶员停车，甚至打骂驾驶员。

礼析启思

案例：

一名乘客乘坐公交车时错过了站，过了几分钟才发现，于是朝司机大喊：“停车，我要下车。”司机耐心解释、婉言拒绝：公交车已驶离站台 100 多米，随意停靠让乘客下车，既违反规定也不安全，希望其能体谅一下，车到下一站时再下车。该乘客十分不满：“你怎么这么死心眼呢？你停一下让我下车，用不了 1 分钟。我到下一站再下车，还要倒过来走好长一段路。”司机仍坚持不能停车，车辆继续朝前行驶，该乘客突然冲到驾驶员身后，用手打驾驶员，驾驶员忙用一只手阻挡，另一只手控制方向盘，结果导致公交车失控，冲过路边的绿化带，撞向了某家具城广场上停放的车辆。该乘客因涉嫌危害公共安全，交由当地公安机关处理。

点评：

该乘客发现错过站后，要求驾驶员随意停靠路边让自己下车，驾驶员耐心解释、婉言拒绝后，竟心生不满而与之争吵，继而打驾驶员导致公交车失控撞车，严重危害了公共安全。这不仅不符合乘车礼仪，还触犯了法律。

讨论：

如果你当时正在这辆公交车上，当看到该乘客与驾驶员争吵时你会怎么做？

课堂活动

某日，在济南开往北京的高铁上，某男子在女乘客上车前，坐在属于女乘客的座位上，脱下鞋子将脚放在前座乘客的椅背上，并拒绝与乘务人员沟通，称“无法起身，不能归还座位”。事后，男子称自己当时态度不太好，对自己的行为很后悔，并向女乘客道歉。两天后，济南铁路公安处给予男子治安罚款 200 元，将其列入黑名单，并在一定期限内限制其购票乘坐所有火车席别。

如果你是这位男子，在女乘客要求你让出座位时，你会如何做呢？请两人一组，进行情景再现。

四、乘驾轿车礼仪

随着生活水平的日益提高，轿车已走进平常百姓家。乘坐或驾驶轿车也要讲究礼仪。

（一）乘坐轿车的礼仪

第一，要正确安排乘车人座次。一般认为，轿车上最尊贵的位置是与司机的座位成对角线的座位，即后排右座。

第二，上下车时要礼让他人，主人陪同客人同乘一辆车时，主人可为客人打开轿车的右侧车门，等客人坐好后方可关门。最后，主人应从左侧后门上车。

同亲友一同乘车时，应请长辈与女士先上车，并为之开关车门。如果女士的裙子太短或太紧不宜先上车，应请男士先上。

到达目的地时，主人应先下车，并绕过来为客人打开车门。亲友一同乘车时，男士和晚辈也应如此照顾女士和长辈。

第三，要注意形象。女士上车时，不应先伸进一条腿，再伸进另一条腿，而应先轻轻地坐在座位上，再把双腿一同收进车内。下车时，要双脚同时着地，然后身体离开座位。

第四，要尊重客人。迎送客人时，如果宾主同车而行，主人开车，要请客人坐在副驾驶座，若有多名客人则可以请与主人较熟悉的客人坐在副驾驶座。如果主人不开车，则宾主同坐在后排，客人居右。行驶中，主人可向客人介绍一下活动安排、沿途的名胜古迹，但若客人有些疲乏则不宜交谈。如果宾主不同乘一辆车，则主人的车应行驶在客人乘坐车之前，为其引路。

第五，要注意车内卫生。乘车时要保持车内清洁。

第六，要注意安全。乘车时不要分散司机的注意力，不要催促司机加速行驶。

（二）驾驶轿车礼仪

在我国，年满 18 周岁可以申请某些类型的机动车驾驶证，在不久的将来，同学们也可能成为一名驾驶者。以下是一些基本的驾驶礼仪。

第一，注重形象。汽车是公路上的流动风景，不仅要保持车身和车内的干净，而且要注意驾车人自身的仪表整洁，不宜衣衫不整或穿着太露、太透的服装开车，女性不要穿高跟鞋开车。不要朝车窗外扔东西、吐痰。

第二，言行有礼。要文明驾驶，不要朝别的驾驶者大喊大叫，对新手应宽容和理解，不要做“路怒族”、开“赌气车”。正常情况下，不开远光灯、雾灯，换车道要打转向灯。停车时不要挡道，不要妨碍他人，加油时要排队。一旦车与车发生碰撞等交通事故，应立即报警、拍照取证，如果是轻微擦碰，取证或协商好后应立即驶离现场，避免造成拥堵甚至发生二次事故。切忌骂人，更不能动手打人。

第三，专心开车。驾驶车辆一定要注意安全，严格遵守交通安全法规，切忌酒后驾车或疲劳开车，更不得超载。开车时思想要高度集中，专心致志，不要因观赏周围景色、交谈、打手机、左顾右盼等分散注意力。不要超速，不要闯红灯，到十字路口一定要减速慢行、观察四周。

第四，礼让他人。驾车时要耐心礼让行人。下雨天要减速慢行，当他人的车从身边驶过时，应放慢速度，不要踩油门加速。拥挤时不抢行猛拐，不要将他人的车挤离车道。

第五，慎用喇叭。喇叭应该在最需要的时候才按响，并且按一两声即可。尤其不要在小区、校园等安静的地方按喇叭。

第六，有序停车。不要乱停乱放，不要将车停放在绿化带上。

五、乘坐飞机的礼仪

（一）购票与登机前礼仪

1. 购票

提前规划行程，合理选择航班时间和舱位。若与他人一起出行，尽量协调座位安排，尊重同行人员的需求。

通过正规渠道购票，仔细阅读购票条款和相关规定，避免因疏忽造成不必要的麻烦。

2. 办理登机手续

提前到达机场，预留足够时间办理登机牌、托运行李等手续。一般国内航班建议提前 2～3 小时到达，国际航班提前 3～4 小时到达。

在值机柜台排队时，遵守秩序，保持适当的间距，不插队、不拥挤。轮到自己办理手续时，礼貌地与工作人员交流，提供所需的证件和信息，并按照相关规定办理行李托运手续。如果无须办理行李托运，也可选择在自助值机引导员的指导下进行自助值机。

3. 安检

配合安检人员的工作，主动将随身携带的物品放入安检设备中进行检查。按照要求脱下外套、鞋子，取出电脑、充电宝等物品。

不要携带违禁物品登机，若不确定物品是否可以携带，可提前咨询机场工作人员。如果安检过程中发现问题，要积极配合安检人员的处理，不要吵闹或抗拒。

（二）登机与机舱内礼仪

1. 登机

按照登机牌上的登机时间和登机口，提前到达登机口等待登机。登机时，有序排队，按照顺序登机，不推搡、不插队。

进入机舱后，根据登机牌上的座位号找到自己的座位。如果行李较多，要注意不要碰撞到其他乘客；如果需要将行李放在行李架上，要小心操作，避免行李掉落砸伤他人。

2. 座位礼仪

坐下后，保持良好的坐姿，不要随意将腿伸到过道或前面乘客的座位下面，以免影响他人通行或给他人带来不便。

不要乱动开关、设备。如果需要调整座椅靠背，要先向后座乘客打个招呼，询问是否方便，避免突然调整影响后座乘客。

3. 使用电子设备礼仪

在飞机起飞前，当机组人员进行安全演示、广播提醒关闭电子设备或调至飞行模式时，应立即将手机等电子设备调至飞行模式。这一要求从飞机舱门关闭，飞机开始移动准备滑行起飞，直至飞机降落并完全停止滑行、舱门打开前都必须严格遵守。

4. 机上服务礼仪

上下飞机时，当站在机舱门口迎送乘客的空乘人员向你问候或道别时，应微笑着向他们表示感谢。

当空乘人员提供服务时，要礼貌回应，使用"谢谢"等礼貌用语。如果你还需要送毛毯等其他服务，可按头顶上的呼唤按钮或向乘务员招手示意，但不要站起来大声喊叫。

尊重空乘人员的工作安排和指示，如按空乘人员的指点，按规定系好安全带，竖起椅背，收起小桌板等。在飞机起降、遇到气流等特殊情况时，要听从空乘人员的指挥，不要擅自行动。

5. 与邻座交流礼仪

与邻座乘客交流要适度，不要过于打扰对方。如果对方在休息、阅读或使用电子设备，不要强行与对方交谈。

交流时要控制音量，使用文明用语，要尊重对方的观点和隐私，不传播谣言、不谈论敏感话题。

6. **饮食礼仪**

在飞机上享用餐食时，要注意用餐礼仪。不要大声咀嚼、吧唧嘴，使用餐具时要轻拿轻放，避免发出刺耳的声音。

如果有特殊饮食需求，可在购票时提前告知航空公司，以便他们做好相应的安排。

（三）下机与后续礼仪

1. **下机**

飞机到达目的地后，应在座位上耐心等待，等飞机完全停稳、安全带指示灯熄灭后，再起身拿取行李。

有序下机，不要拥挤、推搡。如果前面有乘客拿行李遇到困难，可主动提供帮助。

2. **取行李与离开机场**

在行李提取处等待行李时，要站在安全区域，注意观察行李传送带上的行李，避免错过自己的行李。

取到行李后，仔细检查行李是否是自己的，是否完好无损，如有问题及时与机场工作人员联系。离开机场时，要遵守机场的交通规则，有序离开。

特别值得注意的是：无论是国内军民合用机场还是国外部分国际机场，均存在严格的拍照禁令，违反规定可能面临法律风险。若因不了解目的地机场具体要求，在未明确允许的区域使用拍摄设备而遇工作人员制止，应立即停止拍摄。

模块五　出游礼仪·醉心美景需慎独

一、旅游场所礼仪

旅游是人们喜欢的休闲度假方式。同学们在饱览名山大川、名胜古迹的同时，不要忘记做一个文明的游客。

（一）要爱护旅游地区的公共设施和旅游资源

大至公共建筑、设备、名胜古迹，小至花草树木，都要珍惜爱护。名胜古迹是我国古老文明的标志，是中华民族的骄傲，更是不可再生的历史文化资源，每一个中国人都要珍惜这些无价之宝。要爱惜保护好景区的一草一木、花鸟虫鱼、建筑装饰。在公园里，折树枝、摘花朵，用棍棒捅逗动物或追捉、投打、乱喂动物都是不允许的。

注意爱护亭廊等建筑物的结构装饰，不能随意蹬踏；不能在柱、墙、碑等建筑物上刻画等。同学们不仅自己要做到以上的要求，也有责任、有义务监督他人遵守社会公德，保护文物古迹、生态环境。

礼析启思

案例：

国家旅游主管部门在通报五一期间旅游市场秩序和文明旅游专项检查情况时称，李某攀爬雕塑照相，照片传出后，引起公众的谴责。省旅游主管部门已将李某列入“游客不文明行为记录”档案。国家旅游主管部门研究决定，将李某列入“全国游客不文明行为记录”档案，为期10年。

此外，涉事景区因管理不善，两年内不得参评A级景区。

点评：

随着人们生活水平不断提高，外出旅游的人越来越多。同学们要自觉遵守相关的旅游法律法规，做文明游客。

讨论：

你在旅游时，会注意哪些行为？

（二）遵守社会公共秩序和社会公德

在景区游览观光时，要注意文明礼让，保持景区内的环境卫生和安静。排队入场时不要插队，不要乱扔垃圾，不要大声喧哗。拍照时不要与人争抢，当有人走近而影响自己拍照时应有礼貌地向其打招呼，不可大声叫嚷、斥责甚至上前推拉。拍照完毕要向他人道谢。

不要躺在公园长椅上睡觉或坐在椅子靠背上用脚踩踏椅面。

旅游中如需划船，要小心不让水溅到他船、他人身上，两船过桥洞或狭窄水面时不要争先抢行，以避免碰撞，也不要在船上打闹嬉戏，以免发生意外。

（三）跟团旅游应遵纪守时，关心尊重他人

如果是跟团旅游，要有组织纪律性，听从导游安排，征得导游同意才能离队。在自由游览时要强化时间观念，不可错过归队时间而影响整个团队的行程。对导游的关心照顾和帮助应及时给予感谢。

在旅游活动中，要懂得关心别人，同行者中若有女士、孩子及身体较弱的人，应对他们多加照顾。

知识链接

针对旅游中的不文明行为的管理

《国家旅游局关于旅游不文明行为记录管理暂行办法》第二条规定，中国游客在境内外旅游过程中发生的因违反境内外法律法规、公序良俗，造成严重社会不良影响的行为，纳入“旅游不文明行为记录”。主要包括：

1. 扰乱航空器、车船或者其他公共交通工具秩序。
2. 破坏公共环境卫生、公共设施。
3. 违反旅游目的地社会风俗、民族生活习惯。
4. 损毁、破坏旅游目的地文物古迹。
5. 参与赌博、色情、涉毒活动。
6. 不顾劝阻、警示从事危及自身以及他人人身财产安全的活动。
7. 破坏生态环境，违反野生动植物保护规定。
8. 违反旅游场所规定，严重扰乱旅游秩序。
9. 国务院旅游主管部门认定的造成严重社会不良影响的其他行为。

因监护人存在重大过错导致被监护人发生旅游不文明行为，将监护人纳入“旅游不文明行为记录”。

2018年修订的《中华人民共和国旅游法》规定，旅游者在旅游活动中应当遵守社会公共秩序和社会公德，尊重当地的风俗习惯、文化传统和宗教信仰，爱护旅游资源，保护生态环境，遵守旅游文明行为规范。同学们在旅游场所一定要严于律己，做文明游客。

二、出国旅游礼仪

随着人们生活水平的不断提高，选择出国旅游的人越来越多。出国旅游时同学们代表的是中国人，所以应该十分注意自身的礼仪与形象。

1. **衣**

出国旅游时，西服笔挺，打上领带，穿硬底皮鞋，这样穿着完全没必要。在国外，员工上班时以及正式会议、商务谈判等场合一般穿正规西服、打领带，但他们在正式场合以外，尤其是外出旅游时，则穿休闲服装、着软底鞋。

2. **食**

出国旅游，经常会吃自助餐。吃自助餐时应注意：取菜要按一定的顺序；每次取菜时，不必堆成满满一盘，最好分若干次去取；取食要量力而行，不要浪费；不要拿吃完的空盘再去取菜。

3. **住**

办理入住手续时，不可在酒店大堂内大声喧哗。在有的国家，如有服务员把行李送至房间，除了表示感谢外，还应给小费。客房内电视音量切不可太大，以免影响他人。要注意保持公共卫生。

4. **行**

出国旅游一定要注意遵守交通法规。有的国家规定，只要有人踩上斑马线，汽车必须停下来让行人先走。有些游客不了解这一规定，已经站到斑马线上，还做手势让汽车先走。

此外，在新加坡、澳大利亚、新西兰等国乘坐电梯时，通常要求靠左边站立，空出右边以便有急事的人可以在右侧快速通行。这是当地的一种通行规则和习惯，有助于提高通行效率，方便有紧急需求的人能够及时通过。

温馨贴士

涉外礼仪应遵循的原则

涉外礼仪应遵循的原则中有一些与日常礼仪类似，有一些需要特别关注。

1. 热情有度

同外国人交际应酬时，对待对方既要表现得热情友好，又要把握好热情友好的分寸。

2. 入乡随俗

在涉外交往中要尊重对方独有的风俗习惯。当自身作为东道主时，通常讲究“主随客便”；而当自己是客人时，则又讲究“客随主便”。

3. 尊重隐私

在国际交往中，凡涉及收入、年龄、婚恋、健康状况、政治信仰等内容均属个人隐私，不应询问。

4. 信守约定

在涉外交往中，要认真遵守自己的承诺，做到“言必信，行必果”。

5. 女士优先

尊重照顾女士，女士优先是男士的美德。

思考练习

1. 你的好朋友小明在家动不动就跟家长顶嘴，要不就关上房门不出来，这让他的父母手足无措。你怎样看待小明的言行？作为好朋友，你会如何建议他尊重自己的父母？

2. 简述处理邻里矛盾的礼仪要求。

3. 乘坐公共交通有哪些礼仪要求？

4. 乘坐轿车时应注意哪些方面？

5. 简述旅游场所礼仪要求。

五彩生活，礼仪作伴。

礼仪，是心与心的桥梁。从心出发的每一份尊重和关爱，终将织就斑斓生活，绽放满庭芳华。让我们将礼仪融入生活的每一个角落和每一个细节，让文明成为一种习惯，让平凡的日子开出花来，让礼仪的光芒点亮如画人生。

课后训练

写给爸爸妈妈的信

张　楠

亲爱的爸爸妈妈：

以爱之名，见字如面。最爱的爸爸妈妈，我今年刚好 18 周岁，我在你们的生命中出现了 18 年。我一定给你们带来了很多，责任、幸福、骄傲……而你们让我成长、知理、明事。你们爱我、呵护我、教育我，你们成就了我，而我却从来没有说过我爱你们。我告诉你们我爱吃奶糖，爱喝奶茶，爱穿花裙子，爱买亮闪闪的小饰品和小物件，爱玩排球，爱留长头发……我告诉了你们所有，却没有告诉你们最重要的——我最爱的是你们。我爱你们，我可以没有奶糖，没有花裙子，但是我不能没有你们，我爱你们，很爱很爱，会一直爱下去。

我听妈妈说，小时候我很黏人，黏她，更黏爸爸，每次吃完晚饭我都会要爸爸抱着我，妈妈说我小时候声音可好听了，奶声奶气地喊爸爸妈妈。小时候我很乖，很听话，你们很宠我。可是时间是抓不住的沙，我越长越大，也越来越不听话。到了 14 岁更是青春逆反，我总觉得我有自己的想法，你们不能把你们的想法强加到我头上，你们的决定我拒绝、反抗。那时候，每个夜晚我都会想如何改变我们的关系，我不是坏孩子，但也请你们不要把你们的思想强加于我。我，是独立的我。与此同时，我也知道你们是为我好，你们是最爱我的人，没有之一。我就在这样纠结着、争吵着的时间里长大。

中考失利后，心里更是一阵失落。我知道我辜负了你们的期望。我选择了省技师学院，进校的那一天我就默默地告诉自己我会让你们感到骄傲的。心若向阳，哪里都有光。

在学校，我总是告诉我自己认真做好分内的事。也是机缘巧合，我加入了学生会，我发现自己好像很喜欢这种做事的感觉，所以，我努力去适应、去学习学生会常要做的事。刚开始很难，那时候又跟自己的好朋友出现友情危机，我多想跟你们诉说，也不知道是什么原因我始终没有跟你们说过。就这样，一天一天过，一点一点去改变，团委老师也看到了我的努力，给了我鼓励。我也越来越忙，比别人晚放学，晚回家，回家总是坐在电脑前。你们以为我开始学坏，你们没有支持我，而是严格规定我回家的时间，规定着我生活的一切。好像你们总是认为你们的女儿没原则、不懂事。我开始找原因，虽然我依旧讨厌你们规定我的一切，但无论重大抉择还是细枝末节，我都开始跟你们交流，我会告诉你们我一天都在学校做了什么，我还需要多努力才可以做得更好。你们也开始慢慢理解我、支持我，现在晚自习结束，爸爸都会来接我。每天看到您的时候，也意味着我奋斗的一天结束了。慢慢地，慢慢地，我们都在变得更好。

爸爸妈妈，你们给了我健康的身体、明亮的笑容，你们没有特别教过我什么道理，但是你们的一言一行都在影响着我。请你们相信我，我会努力变得更好，也请时光慢慢走，让我更好、更多地爱你们。

女儿　张楠

9 月 27 日

感悟：

在我国加快推进现代职业教育发展、大力弘扬工匠精神的今天，成为一名技校生，走技能成才之路，立技能强国之志，和成为一名大学生一样，是一件值得骄傲和自豪的事。通过这封信，我们看到了一位乐观阳光、积极上进的美丽女孩。让我们也像这封家书的作者那样，每天不断努力，一天比一天努力使自己变得更好！

行动：

1. 上台发言，要求步姿沉稳、站姿端正、表情自然、声音洪亮，并与同学们有充分的眼神交流。

发言内容：作为家庭中的一名成员，你扮演了哪些角色？你所扮演的角色合乎礼仪要求吗？你的所言所行是否给你周围的人带来了愉悦？

2. 给父母写一封信，说说自己的心里话，注意格式要规范，装入写好的信封，寄给或亲手交给父母。精心挑选一张你与父母的合影，并与同学们分享信中你最有感触的语句，或说一说与父母相处时自己感受最深的一件事。然后以小组为单位，编写《见字如面——家书寄真情》手抄小报、电子小报，张贴于教室或共享于班级群。

3. 以小组为单位，进行家庭用餐的情景再现。

4. 举行“晒晒我们的家规”征文比赛，将获奖征文上传至班级群共享，择优推荐于学校校园网或团刊发表。

5. 以小组为单位，制作《旅游中的不文明行为》演示文稿，与同学们展开“文明出游，从细节做起”的讨论。

6. 对比你所在城市的市民文明公约，查找差距，说说你与文明市民的距离还有多远？

校园礼仪篇

学校不仅要传授知识，更要传承文明。校园礼仪是在学校生活的全体师生及员工应该共同遵守的行为规范。技工院校的同学们在校园学习生活中，除了获取知识和技能外，还必须完成道德品格和文明素养的塑造，这在很大程度上依赖于校园礼仪生活的实践。

课堂活动

让我们先来测测自己在校园里的“礼仪指数”吧！

1. 你见到老师和认识的同学经常会微笑打招呼吗？ 是（　　）否（　　）
2. 别人在说话时，你能认真倾听吗？ 是（　　）否（　　）
3. 你对别人有意见时会三思之后私下向他指出吗？ 是（　　）否（　　）
4. 你能及时真诚地当众赞美别人吗？ 是（　　）否（　　）
5. 你会注意克制自己，不提高嗓门乱发脾气吗？ 是（　　）否（　　）
6. 该说“谢谢”或“对不起”时，你主动说了吗？ 是（　　）否（　　）
7. 你能准确叫出本系领导、本班师生的姓名吗？ 是（　　）否（　　）
8. 你能随时注意自己的仪表整洁吗？ 是（　　）否（　　）
9. 在食堂用餐时，你能做到有序排队、光盘、餐毕将餐具放到指定位置吗？
   是（　　）否（　　）
10. 你经常主动打扫教室、宿舍吗？ 是（　　）否（　　）

如果回答 9~10 个“是”，表明你的校园礼仪指数较高，回答 6~8 个“是”，说明校园礼仪指数中等；回答 6 个以下“是”，说明你的校园礼仪修养有待提高，加油哦！

某酒店管理学院的新生在入校时都要接受严格的文明礼仪训练。每位学生的学生手册上都有 100 分礼仪积分。如果无故旷课两次，就要被勒令退学；两次迟到折合成一次旷课；衣冠不整，有污迹，衬衣不烫，在公共场所不遵守文明礼仪，不尊敬师长，男生不履行“女士优先”等都要酌情扣分。扣完 100 分，无论成绩优劣一律不予毕业。

即便是这样严格的校规，每年还能吸引来自多个国家不同信仰、不同价值观的青年们，在国际通行的礼仪规则下和睦共处，求同上进。在校园里经常可以看到三五成群的学生在通过教室门时，总有一位男生抢先一步把门打开，让女生和别的同学先通过，然后自己轻轻地把门关上，举止优雅自然。正是这些看来并不起眼的细节，养成了学生处处尊重自己、善待他人、礼仪为先的职业规范，吸引了国际上不少著名的企业每年到该校设点招聘。

越来越多的企业招聘的首要标准，不是专业学分成绩，而是志向、态度、举止、心理素质和文化底蕴。同学们培养文明素养可以从践行校园礼仪开始。

模块一　场景礼仪·遵章守纪勤求知

一、课堂礼仪

课堂是教师进行教学活动和同学们学习知识的主要场所。遵守课堂礼仪，创造良好的学习环境和气氛，不仅是学生对教师的尊重，也是同学们更好地掌握现代科学知识和技术、成为合格人才的外在保障。

（一）保持“静、净、敬”

教室是学习知识的殿堂，课堂上要保持“静、净、敬”。

1. 静

“静”是指保持教室的肃静和庄重，不能在教室里追逐打闹，这既是为了保持安静的学习氛围，也是为了防止磕碰等意外发生。

礼析启思

案例：

自习课上，同学们在认真学习，教室里很安静。突然，有人轻声哼唱起歌来，原来是班上的“唱歌达人”建民。歌声渐高，纪律委员小董走到建民身边，敲着桌子大声说：“保持安静，别唱了！”同学们的视线一下子聚焦到建民身上，几个同学也随即附和。建民十分恼怒，大声嚷道：“我想唱就唱，要你多管闲事！”争执无果，小董说：“我去叫老师！”“你敢！”建民一跃而起，两人争执起来。

点评：

自习课上，建民在教室里唱歌影响了同学们的学习，理应接受纪律委员小董的批评并改正错误。但小董当众批评他并称要告诉老师，使建民在同学面前很没面子，两人的争执反而使教室里更加吵闹。

讨论：

如果你是小董、建民的同学，在“战火”即将燃起之际，你会怎么做呢？请和同学合作，据此进行情景再现。

2. 净

“净”是指保持教室的清洁卫生，这既有利于保持身心健康，也有利于提高学习效率。要保持教室的清洁卫生，需定期打扫教室，摆齐桌椅，保持空气流通；不随地吐痰，不乱扔纸屑等杂物，不带食物、饮料到教室里吃喝。

3. 敬

“敬”是指对老师表示尊敬。讲台和黑板是老师工作的地方，应该视作老师的办公室，不能随便占用，更不能随意翻动老师携带的物品，不要将外人带进教室。

手机应处于关机状态，要严格遵守学校实行的“手机入袋”规定，上课前自觉将手机放入指定的手机袋，下课后记得及时取回，以免丢失。

（二）做好上课准备

课代表要在上课前帮助老师收发作业本，拿取教学用具，打开多媒体设备。值日的同学要提前备好粉笔，擦干净黑板。

同学们应在课前 5 分钟预备铃声响时进教室，进教室脚步要轻，动作要小，速度要快。放下书包和课本的时候动作要轻，以免影响其他同学。

做好上课的准备工作，端坐并等候老师的到来。不要吵闹，需要交谈的时候应该低声，不要大声叫嚷。不要离开自己的位置和远处的同学讲话，实在有问题，等到下课以后再交流。

老师向同学们问好的时候，同学们应该起立，恭敬地向老师问好。老师示意坐下后才能坐下。

如果因故迟到，应该在门口喊“报告”，经老师许可后再进入教室，进教室时轻声向老师致歉。下课后要主动向老师说明迟到原因，取得老师的谅解。

礼析启思

案例：

上课铃响，思祥背着书包，拎着没来得及吃完的早餐气喘吁吁地跑到教室门口，见老师正在讲课，思祥叫了声“报告”，未经老师允许就走进教室，将书包重重地往桌上一放，一屁股坐在了自己的座位上。老师看了思祥一眼，皱起眉，其他同学也朝他投来责备的目光……

点评：

上课迟到，带食物进教室，没得到老师许可便走进教室，放书包声音大，入座不沉稳……细节彰显素质，思祥一连串的举止影响了老师和同学们上课，也有损自己在老师和同学们心目中的形象。

讨论：

你认为思祥这样做是出于什么原因？如何才能帮助他做到彬彬有礼呢？

（三）尽量避免上课期间出入教室

上课期间一般不要出入教室，以免影响教学。如果确实需要出去，必须举手示意老师，说明自己出教室的原因，经老师同意后才能出去。如果老师没有看见或者不准许，又确实有紧急情况，可以用写纸条的方式向老师说明情况。切不可高声喊叫或径直走上前向老师请假。

得到老师准许后，进出教室的时候要轻手轻脚，步幅要小，不要发出太大的声音，更不要碰落桌上的课本等物品；要注意低头躬行，以免遮挡同学的视线；尽量就近进出，以免绕过大的圈子，造成较大干扰。

（四）认真听讲，礼貌回答老师的提问

为了讲好每一节课，老师们往往要花费很多的心血。因此，同学们在课堂上应集中精神，认真听讲，不可打瞌睡，不要伏在课桌上，不要做与上课无关的事情。如果不是老师提问或要求讨论问题，不可在上课时讲话，有疑问可以在老师讲完课或课后

向老师请教。

老师为了检验自己的教学效果和同学们学习、掌握新知识的情况，会以提问的方式进行检查。同学们要理解老师提问的积极意义，紧跟老师授课的节奏，开动脑筋、积极思考，有礼貌地配合老师的提问。

老师提问时，学生如果要回答问题，应举手示意，不要坐在座位上七嘴八舌地议论。当被老师提问时，要起立回答，站姿端正、声音洪亮、态度认真，若不会回答，应表示歉意。若未被提问，不要抢着回答，也不要坐在座位上回答。

在别人回答问题的时候应该集中注意力，不要胡乱插话。如果同学回答错了，不要嘲笑，也不要喧哗或者抢着回答。

（五）勇于向老师发问

老师在课堂上留出适当的时间给同学们自由讨论或向老师提问，这是学习的好机会，有不理解的问题可以向老师提出来。

提问之前一定要做好准备，最好将平时积累起来的问题梳理一下，将同类型的问题归纳好写在纸上，以便提问时有条理，不会占用太多时间。

提问时举手示意。老师示意时，起立提问，如果老师没有点到自己也不要抢着提问。同时，所提的问题要与授课内容密切相关。提问不宜占用过长的时间，不要反复纠缠一个问题，应留出时间让别的同学提问。如果疑问未能解决，可以另约时间向老师请教或通过线上的方式请教。

在老师解答自己的问题时，应及时做好笔记，所提问题得到解答以后，向老师道谢。

在别人提问和老师解答的时候不要随便插话，更不要打断。在别人提问完毕或老师回答完毕时再举手示意提问。

（六）礼貌地指出老师的失误

老师在授课过程中难免出现一些失误，甚至是某些观点上的错误。对此，同学们要正确对待。首先要明确指出老师的错误，以免其他同学记住错误的知识；其次要适时而礼貌地指出老师的失误，如可以，在老师经过身边时小声地提醒老师，或写在纸条上向老师说明，以给老师思考的时间。不要当众大声指出问题而使老师难堪，更不能嘲笑老师。

（七）遵守下课的礼仪

下课铃声响后，在听到老师喊“下课”并与老师互道再见后才能自由活动，不要一听到下课铃声就急忙收拾东西或到处走动。离开教室时，要让老师先走，也可以和老师边走边谈，不能抢先或拥挤着跑出教室。课代表要主动帮老师关闭多媒体设备、整理教具等，把老师的笔记本电脑、收齐的作业等较重的物品送到老师办公室。

（八）独立完成作业

老师布置的作业是课堂教学的巩固和延续，不管是课堂作业还是课后作业，同学们都应该按时、认真、独立地完成，认真查看老师在作业上悉心批阅之处。

礼析启思

案例：

以下是一位体育老师制作的体育课堂文明礼仪评价卡，它要求教师依照学生的表现，在五角星上涂色，做得越好，涂得越多。每月汇总，评出文明礼仪之星。

文明礼仪	评价
课前到操场	☆☆☆☆☆☆☆☆☆☆
站队快静齐	☆☆☆☆☆☆☆☆☆☆
师生互问好	☆☆☆☆☆☆☆☆☆☆
迟到先报告	☆☆☆☆☆☆☆☆☆☆
关心帮助他人	☆☆☆☆☆☆☆☆☆☆
团结进取心	☆☆☆☆☆☆☆☆☆☆
器材爱护好	☆☆☆☆☆☆☆☆☆☆

点评：

这张“体育课堂文明礼仪评价卡”体现了从课前到课后对学生的课堂礼仪要求，能够比较全面地考查一个学生的课堂文明礼仪程度。“课前到操场”是课前对即将开始的体育课堂的准备。“站队快静齐”是要求学生积极调整状态从心理上做好迎接课堂的准备。“师生互问好”宣告体育课正式开始。“迟到先报告”是对课堂突发状况的应急处理。“关心帮助他人”“团结进取心”体现了体育课的活动特性，也是对学生学习习惯的要求。“器材爱护好”是课堂的收尾工作。

讨论：

对照这张文明礼仪评价卡，你能获得几颗星？你距离满分的评价还存在哪些差距？

二、宿舍礼仪

宿舍是同学们的第二个家。宿舍是一个以休息为主的生活场所，住宿生们在校期间有一半以上的时间是在宿舍里度过的。遵守宿舍礼仪是同学们营造舒适和谐宿舍环境的基本保证。

课堂活动

你是住宿生吗？快来看看自己的宿舍礼仪规范指数吧！

1. 宿舍需要打扫，你经常这样做。 是（ ）否（ ）

2. 你很少在宿舍里乱扔东西。 是（ ）否（ ）

3. 你很少或从不随意取用室友物品。 是（ ）否（ ）

4. 你总是及时清洗自己的脏衣物。 是（ ）否（ ）

5. 你从不在宿舍使用大功率电器。 是（ ）否（ ）

6. 当有室友准备休息时，你总是轻手轻脚，更不会大声喧哗。
是（ ）否（ ）

7. 当室友的亲友来宿舍拜访时，你总是表现得热情有礼。是（ ）否（ ）

8. 你从没有未经准许夜不归宿的现象。 是（ ）否（ ）

如果回答 4 个以上“否”，表明你的宿舍礼仪指数较低，你的行为或多或少地会在室友心目中留下不良印象。建议严于律己，遵守学校的规章制度，加强行为修养，改变自己在室友心目中的形象。

（一）遵守制度，执行规定

1. 不擅自调换房间、床位

同学们要严格遵守学校对住宿生的管理制度。不要擅自调换房间、床位，不能两人或多人挤睡在一张床上，不要带异性同学进入宿舍，禁止留宿异性。

2. 按时起床

清晨要按时起床，或在不影响室友正常休息的前提下适当早起，不要养成睡懒觉的习惯。

3. 按时回宿舍

同学们要在学校规定的时间出入宿舍，尤其是夜间，必须在规定的时间以前回宿舍。如果有特殊原因不能按时回来，应提前向班主任请假，经同意后将请假条交给宿舍管理员。如果情况特殊未能向老师书面请假，应及时征得班主任同意，并将相关聊天信息用手机截图发给宿舍管理员，或发给室友代为说明，返校后要及时向宿舍管理员解释并致歉。晚回宿舍时要轻手轻脚，尽可能不要开灯，以免影响其他同学休息。

4. 不擅自留宿外来人员

不要随意留宿外来人员，如果有特殊情况需要留宿，必须提前征得班主任、宿管科和宿舍管理员的同意。带外来人员进入宿舍后，应要求其严格遵守学校相关规定，等其离开宿舍后要及时向宿舍管理员汇报并表示感谢。

5. 按时熄灯就寝

洗漱等活动要在熄灯前结束，熄灯后马上就寝，切忌在走廊、宿舍里大声喧哗。

（二）爱护公物，节约能源

不要在宿舍、洗手间等的墙壁上乱写乱画，可以适当选用一些字画、绿植等布置美化宿舍。当然，要注意个人空间的美化和整个宿舍的美化相协调，注重整体和谐。

宿舍过道等公共场所也是同学们要每天打扫、保持干净的地方，不能占用过道，不能在过道上乱扔杂物，不能在过道的墙壁上乱涂乱画，不能向窗外泼水、扔东西。

要爱护宿舍楼和宿舍里的公共财物，注意节约水电等能源，做到人走熄灯、关水、锁门。不要在宿舍内乱拉电线、乱用电器。使用洗衣机、空调等公共设备时，要按照使用手册操作；出现故障要及时报修，不要擅自拆开修理。

（三）文明有礼，尊重室友

同学们和室友朝夕相处，不能因为相互熟悉，交往时就过于随便，要做到谈吐文明，举止礼貌，营造和睦融洽的人际关系。

进出宿舍要和室友打招呼，早上起床应互道“早上好”，睡觉前应互祝“晚安”；使用水龙头、晾衣架及卫生间时要尽量礼让他人。

要尊重室友的信仰、饮食习惯、学习和生活习惯等，相互之间留有适当独立的空间。不要乱拿乱动室友的东西，不可私自翻阅室友的日记和信件，不要使用室友的账号，不可打听室友的隐私。借用物品必须征得室友的同意，获得允许后再使用，用毕要及时归还并道谢。要爱护他人的物品，当室友的物品摆放在公共区域给大家带来不便时，不要擅自挪动，可以与室友商量，友善提醒他放好。

当自己的朋友来访或家人来校时，最好能提前告诉室友；与自己的朋友或家人在宿舍里谈话要掌握时机，不要高声谈论，时间也不宜过长，最好找不影响室友学习和休息的时间。

礼析启思

案例：

小蕾最近很不开心，因为她所犯的错误不仅使自己失去了与室友的友谊，还受到了学校的处分。事情源于开学没多久，小蕾的室友向老师反映宿舍里总丢东西，开始时丢的是电池、手机充电头、文具等用品，后来逐渐发展到丢衣服、钱包等。终于有一天，室友小雪在小蕾的衣柜里看到了自己丢失的牛仔裤。东窗事发，小蕾后悔莫及，告诉老师自己开始时只是想借同学的文具等用品用一用，用之前没打招呼，用后也没归还，渐渐地，就觉得拿别人的东西是顺理成章的事。虽然小蕾决定改过自新，但在同学们尤其是在她的室友心中，却留下了抹不去的阴影。

点评：

在宿舍生活中一定要懂得尊重他人，不能模糊了自己和他人的界限，不要随便取用别人的物品。如果因为“恶小而为之”，就难免像小蕾那样从擅自占用他人财物发展到偷窃他人物品的地步了。

讨论：

如果你发现自己的室友擅自占用他人的物品，你会怎么做？

（四）注重沟通，互助互谅

能成为同学、室友是缘分，同居一室，同学们应该彼此加强沟通，增进了解，以便更好地相处。

宿舍是同学们共同生活的地方，是大家的“家”，同学们要互敬互爱、互助互谅。在室友需要帮助时主动伸出温暖的手，如为生病的室友打开水、买饭、拿药，给遭受挫折、困难打击的室友以安慰，帮助学习上遇到困难的室友答疑解惑。当与室友产生矛盾时，则要换位思考、律己宽人，如果是自己的错误要及时认错并致歉。当室友生日时可以精心挑选一份合适的小礼物。当自己、朋友或家长带来家乡的特产时，要热情大方地与大家分享。当室友的朋友或家长来校时，要主动热情地接待，提供方便的交谈环境，协助安排食宿；被访的室友不在宿舍里时，要主动帮助寻找；当室友的朋友或家长来往车站需要接送时，可以帮助同学一起接送。

要增强集体荣誉感，自觉淡化生活中与室友相异的习惯，尽可能与集体保持一致，和室友开展一些如打球、踏青、秋游、聚餐等集体活动，增进彼此之间的感情。

礼析启思

案例：

学智的父亲突患重病住院，得知消息时他正在上晚自习，办好相关请假手续后，室友小杰陪他回宿舍将请假条交给宿舍管理员，拿了换洗衣服。家境并不太好的小杰塞给学智几桶方便面、几瓶水，到校门口为他拦下一辆出租车，塞给司机15元钱作为打车费，嘱咐学智买到火车票上车后和到家后记得马上给他和班主任发短信。

当学智连夜买了回老家的火车票，深夜站在拥挤的火车上忍受着担忧、焦虑的煎熬时，才知道如果没有这几桶方便面和水会是多么难受。

点评：

几桶方便面、几瓶水、15元打车费，饱含着小杰对室友学智无微不至的关心，这份雪中送炭的关心和帮助令学智心里对小杰充满了感激。

讨论：

当学智从老家回到学校时，应该对小杰说些什么呢？

（五）讲究卫生，保持整洁

整洁干净的宿舍环境，不仅有利于同学们的身心健康，也给同学们创造了良好的生活条件。所以，同宿舍的全体成员既要做好个人卫生，也要共同保持宿舍的整洁。

“宿舍是我家，文明靠大家。”宿舍里的每位同学都有责任营造良好的宿舍卫生环境。每天起床后要按照学校的规定整理好床铺，将毛巾、牙刷、茶杯等物品整齐地放置在指定位置。平时要做好个人卫生，勤洗澡、洗头，勤洗手，勤换衣物，勤洗衣被、枕巾，生病及时吃药，以免传染给他人。

值日的同学要及时将宿舍地面打扫干净，将门窗、书桌、书柜、洗漱台等擦干净，带卫生间的宿舍要特别注意将卫生间冲洗干净。

在宿舍里学习或活动时，要保持室内干净，不吃有异味的食物，及时通风，保持空气通畅，发现地上有纸屑等杂物要及时捡起，地脏了要及时拖洗干净，垃圾满了要及时倒掉。

礼析启思

案例：

小毛常常被室友们吐槽：东西乱丢乱放，袜子、衣服脏了不及时洗，很少做值日。有一次他起床晚了竟忘记铺床叠被，害得当日的宿舍卫生检查得零分。入校快一年了，小毛所在宿舍的卫生得分经常垫底，室友们对他很是恼火，一再劝说无效。

一天，值日生小孙打扫宿舍卫生时，一气之下把小毛藏在球鞋里臭烘烘的脏袜子塞到了他的枕头下。

点评：

小毛的行为严重影响了自己和室友们的正常生活与集体荣誉，导致和室友们关系紧张。“一屋不扫，何以扫天下？”这样的人走到哪里都不会受欢迎。小孙把小毛的臭袜子塞到其枕头下的做法也不对，与室友产生矛盾时应多沟通。

讨论：

请你为小毛和他的室友出出主意。有什么办法能让这个宿舍的同学们共同创造和谐文明的良好宿舍环境呢？

（六）按时熄灯，保持安静

在规定的休息时间里，要按时熄灯，保证宿舍的安静，营造一个舒适的空间，不要在宿舍里高声说笑，也不要在走廊里大声喧哗。

如果要与同学商量问题，可以到室外讨论；如果要听音乐、看视频，应戴上耳机。

有室友在睡觉时，应尽量减少在宿舍里的活动，如果要用床头灯，应把灯光稍调暗。

接听或拨打手机要走出宿舍，声音尽量放低。熄灯后不要用手机或电脑看视频、打游戏。

（七）尊重宿舍管理员，拜访有度

1. 尊重宿舍管理员

宿舍管理员为同学们住宿提供服务、进行管理，使同学们得以在舒适、愉悦的宿舍环境里生活，同学们要尊重他们。

见到宿舍管理员要主动微笑问好，离开宿舍区时向他们礼貌道别，在生活上得到他们的关心帮助时要及时表示感谢，遇到问题时与他们沟通时要心平气和、文明有礼。

有时从家里带来家乡的特产时，在与室友们适量分享的同时也可以送给宿舍管理员尝一尝。

2. 到周围宿舍串门要有礼有度

宿舍是同学们休息娱乐的地方，也是课堂之外重要的交流场所。宿舍之间串门也有礼可讲。

不要在同学们集中处理生活问题或已经熄灯休息的时候串门，如果确实有事情，应提前与人约好。进入其他宿舍的时候，要与所有的同学打招呼、问好。不要随便乱坐，经允许后可以坐在邀请者指定的椅子或他的床铺上，不要随便翻看、乱动、使用别人的东西。同时，注意不要大声说话，停留的时间也不宜太久，离开的时候要向所有的同学表示感谢并道别。

总之，宿舍是反映同学们精神文明和礼仪修养的窗口，一定要重视宿舍礼仪，这既是对他人的尊重，也是个人良好修养的体现。只有每个成员都讲究宿舍礼仪，才能让友谊之花开满宿舍，拥有舒心温暖的宿舍生活。

三、食堂礼仪

学校食堂就餐时间相对集中，就餐人数较多，工作人员也相对繁忙，同学们不能忽视就餐礼仪。

（一）规定时间，遵守秩序，互相礼让

同学们在学校规定的时间内到食堂就餐，就餐时要有序排队，排队时不要大声喧哗，不要敲打手上的餐具，更不要在排队的时候追逐打闹。

如果情况特殊，时间紧迫，要与排在自己前面的同学讲清缘由，得到同意后可以排到他们的前面提前买饭。遇到试图插队的同学要礼貌地劝阻，不能大声呵斥甚至谩骂。

（二）尊重食堂服务员

为了能让同学们吃上好菜好饭，健康成长，为同学们的学习提供保证，食堂服务员们付出了辛苦的劳动，同学们要像尊重老师一样尊重他们。

在食堂买饭的时候，可以用微笑或友好的目光向服务员问好；离开窗口的时候，要向他们表示感谢。

在打饭时，以简短、准确的语言报菜名。当自己报菜名出现错误时，要主动道歉，不要与服务员争吵；如果是服务员出了差错，要主动提醒，不要出言不逊。

打饭时应提前准备好饭卡或打开手机支付码，以免临时寻找，耽误时间。要爱护刷卡设备。用餐完毕后，要将餐具交还到收餐处并将餐具分类。

如果饭菜有问题，不要同服务员争吵，可以将意见投放到食堂意见箱或向学校相关管理部门反映问题，帮助食堂注意饮食卫生和提高服务质量。

（三）注意卫生

饭前要洗手，减少通过就餐传递病菌的机会。

进食堂时，不应随地吐痰，不应向地面洒水、扔杂物。遇到下雨天，进入食堂时最好将伞用塑料袋装好。

用餐时交谈注意不要将唾沫飞溅到别人的身上或者食物中。坐姿要端正，不要坐在桌子上或脚踩在椅子上。不要把不爱吃的菜或骨头、鱼刺、菜梗等物吐在地上或餐桌上。

不要随便夹别人碗中的食物吃。

如果自己患有肝炎等传染病，应该主动自带餐具；如果患有感冒等，要尽量避免在就餐人员集中时进入食堂，咳嗽时要用纸巾或手帕捂住嘴。

吃完饭一定要漱口，保持口腔卫生。

（四）节约粮食，坚持光盘

勤俭节约是美德。同学们就餐时要按照自己的需要购买饭菜，尽量做到光盘，拒绝浪费。同时，要注意均衡营养，细嚼慢咽，不要暴饮暴食，也不要刻意节食，以免影响身体健康。

课堂活动

2021年4月29日，《中华人民共和国反食品浪费法》颁布并施行，指出："国家倡导文明、健康、节约资源、保护环境的消费方式，提倡简约适度、绿色低碳的生活方式。""个人应当树立文明、健康、理性、绿色的消费理念，外出就餐时根据个人健康状况、饮食习惯和用餐需求合理点餐、取餐。家庭及成员在家庭生活中，应当培养形成科学健康、物尽其用、防止浪费的良好习惯，按照日常生活实际需要采购、储存和制作食品。""推动开展'光盘行动'，倡导文明、健康、科学的饮食文化，增强公众反食品浪费意识。"

同学们应如何拒绝舌尖上的浪费，将"光盘行动"贯彻到底呢？请认真填写表格，从在家中、学校和外出用餐等方面，切实践行"光盘行动"。

所在场合	我们的妙招
在家中	
在食堂	
在餐馆	

四、集体活动礼仪

集体活动是指在校期间由班级、学校统一组织的由全部成员参加的德、智、体、美、劳等内容的活动。集体活动扩大了课堂范围，对于培养学生的集体主义观念，提高各方面的素质，健康地成长成才具有很好的促进作用。

有人说，“一个人可以走得很快，但一群人走得更远。”“我们都是只有一只翅膀的天使，相互拥抱，才能够展翅飞翔。”同学们应积极地参加集体活动，在集体活动中遵守礼仪，遵守纪律要求，听从集体活动组织者的指挥，扮演好自己在集体活动中的角色。

（一）登台发言

学生登台发言，一定要做好充分的准备，熟悉发言内容。

上台前，如果由于羞怯紧张，导致脸红心跳，应注意控制情绪，通过提前熟悉环境、做深呼吸等方式让心情保持平静，并积极暗示自己：“我能做得很好！”

上台时，要仪态自然，步伐沉稳，神态自若，衣着端庄得体。登台步入台口时应停步，先向主席台行鞠躬礼，表示对领导、师长和来宾的敬意，再转向与会观众行礼，然后走到发言席发言。

发言前面带微笑，扫视全场，展示自信的精神风貌。发言时要站姿端正、说普通话、吐字清晰、声音洪亮、语调自然、语速适当、感情真挚、表情自然。有讲稿时，要注意适时抬头目视听众，讲到情绪高涨处可适当伴以手势。忘记台词时，不要有抓耳挠腮、伸舌头、咬嘴唇等小动作。

发言结束后，应先向与会观众行礼，再向主席台行礼，然后大方沉稳、面带微笑地走下发言席。

（二）升旗降旗

国旗是神圣而庄严的。升降国旗应该在一种严肃、庄重的气氛中进行。在升降国旗仪式中同学们要遵守礼仪规范。

1. 升旗

升旗仪式开始前，同学们要面向国旗列队站好，仪表要规范，仪态要庄重，穿着要整洁。旗手、护旗手、主持人等做好准备。

主持人宣布开始，全体脱帽肃立，注视旗手；旗手持旗，扛在肩上或举至肩，护旗手站在旗手两侧，齐步走向旗杆，悬挂完毕，做好升旗准备。

当国歌奏响时，升旗手在国歌声中将国旗徐徐升起至旗杆顶部，全体立正，向国旗行注目礼，唱国歌。

若有宣誓，则在礼毕后由仪式主持人带领，同学们举右手进行宣誓。

2. 降旗

按有关规定，降旗仪式一般在每日傍晚前进行。降旗时，所有经过现场的师生、员工应面对国旗，自觉肃立，行注目礼，待降旗完毕，方可自由行动。

知识链接

我国修改国旗法、国徽法

第十三届全国人民代表大会常务委员会第二十二次会议于2020年10月17日表决通过关于修改国旗法、国徽法的决定，并于2021年1月1日起施行。

对于损害国旗、国徽尊严的行为，修订后的国旗法、国徽法中有禁止性规定。比如，国旗法明确规定，不得倒挂、倒插或者以其他有损国旗尊严的方式升挂、使用国旗。

不得随意丢弃国旗。在公共场合故意以焚烧、毁损、涂划、玷污、践踏等方式侮辱国旗、国徽的，依法追究刑事责任；情节较轻的，由公安机关处以十五日以下拘留。

温馨贴士

国旗守护指南

1. 国旗应垂直悬挂于显著位置，避免绑于树木或者绑于自行车等移动物体上。

2. 单独悬挂时旗杆顶端朝上。

3. 不得将国旗图案用于商品包装、广告商标（尤其是一次性用品），避免象征意义被消费。

4. 升国旗时需庄重肃立：脱帽、止步、停止交谈，行注目礼或按规定要求敬礼。

5. 不得随意丢弃破损的国旗。

6. 禁止故意涂划、践踏国旗。

7. 抵制娱乐化行为，禁止传播篡改国旗颜色、“搞笑”演绎升旗仪式等行为。

（三）参加开学典礼

开学典礼的仪式程序一般是：升国旗仪式、主持人宣布典礼开始、领导讲话、教师代表讲话、学生代表讲话。

参加开学典礼时不要无故缺席，不要迟到，应随班集体提前到达会场，到指定位置就座。在主持人宣布开学典礼开始或介绍学校各级领导和来宾时，在领导、教师、学生代表发言时，应适时报以热烈的掌声。奏唱国歌时，要听从主持人指挥，原地起立，脱帽立正。整个过程中，要认真倾听，不要交头接耳，不要做与典礼无关的事情，不要随地吐痰、乱扔杂物，保持会场的安静和清洁。开学典礼结束后，应等主席台上的领导、来宾退席后再按顺序退场。

（四）参加毕业典礼

参加毕业典礼时无故不要缺席，不要迟到。要严格遵守会场纪律，切不可因为即将离开学校就随随便便、无所顾忌，破坏良好的会场秩序，而要给母校、老师、同学留下一个美好的印象。在典礼上，当校领导、教师和学生代表上台发言，在毕业生代表上台接过校领导授予的毕业证书、荣誉证书时，都要适时鼓掌表示祝贺。要以留恋、严肃、认真的态度参加毕业典礼。在结束时，要等主席台成员退席后，按照要求有序退场，并保持场地整洁干净，随手将丢弃的杂物带到场外扔进垃圾箱。

（五）观看比赛

观看各类比赛时，要准时排队入场，在指定位置入座，不要携带易燃易爆物品和宠物入场。观看比赛时，不要随意走动或站着观看。不要大声喧哗，不要起哄、吹口哨、喝倒彩、扔东西。适当热情地为参赛各方加油，使用的标语、口号要文明健康，喝彩、助威要适时适度，不干扰参赛者的比赛情绪和比赛节奏。比赛结束后，要向参赛者们鼓掌致意。无特殊情况，一般不要中途退场。退场时，不要争抢，并将果皮等杂物带到场外扔进垃圾箱。

礼析启思

案例：

A 班与 B 班在校园足球联赛决赛中展开较量。A 班实力占优，但 B 班凭借顽强防守将比分维持在 0 : 0。补时阶段，A 班球员小吴一脚劲射，足球击中立柱后弹入球门，但裁判判定进球无效（实际为误判越位）。A 班观战同学情绪激动，但经班主任劝解后恢复冷静，并将看台上的垃圾清理干净。

赛后，校方联合市体校国家级裁判通过录像回放确认误判，但根据国际足联规则“比赛结束后判罚不可更改”。A 班球队屈居亚军。

球员们坦然面对，尊重规则，遵守规则。同学们也终于释怀：“我们虽然没拿冠军，但我们就是真正的冠军，虽败犹荣！”看着全班整齐高喊“永不言弃，继续战斗”的口号，班级凝聚力因共同拼搏而显著提升，班主任何老师开心地笑了。

点评：

同学们理性克制、未干扰裁判，符合“尊重裁判”“理性对待判罚”的观赛和竞赛礼仪要求，他们“尊重规则”“超越胜负”的认知，更彰显了“参与比取胜更重要”“对于人生而言，重要的不是凯旋，而是奋斗”① 的体育精神价值，观赛后主动清理垃圾则是文明观赛的体现。

讨论：

说说还有哪些超越胜负的礼仪细节曾打动过你？

模块二　交往礼仪 · 尊师友爱共成长

一、尊敬师长

学生在学校里学习，除了同学外，接触最多的就是老师了。尊敬师长，构建和谐的师生关系，才能保证教学相长，让老师享受职业的幸福，同学们获得成长的快乐。

---

① “参与比取胜更重要”“对于人生而言，重要的不是凯旋，而是奋斗”两句名言出自法国教育家近代奥林匹克运动创始人顾拜旦。顾拜旦通过体育重塑人类精神，其思想与精神遗产持续影响全球体育文化发展。

（一）与老师交谈应以倾听为主

在与老师交谈时，尤其是在与老师探讨学术问题的学习过程中，学生应该以倾听为主，表达不同看法时要注意礼貌，重要的地方应注意做好笔记。

（二）大方得体地向老师问好

同学们见到老师的时候应面带笑容问候“老师，早上好”“老师，您好”。即使是在校园里见到没有给自己上过课的老师，也应微笑点头问好。在楼道、走廊等狭窄处应注意让行。

礼析启思

案例：

小婷和小燕在上西点裱花实训课时，拿着裱花抹刀、端着蛋糕转盘到洗手间去清洗。

返回时，在教室门口遇到王院长陪同来访的外校客人参观，小婷和小燕连忙侧身让路，微笑着鞠躬问好：“老师们好！王院长好！欢迎莅临指导！”待客人和王院长回礼、进入教室后，才随之走进教室，回到自己的实训工位上。客人们纷纷赞叹：“你们的学生真有礼貌！”“是的，必须点赞！”王院长微笑夸赞，“谢谢，我们这两位女同学的确表现了良好的礼仪修养和精神面貌。”小婷、小燕听了，开心得像喝了蜜一般。

点评：

小婷、小燕礼貌地为客人和师长让路，主动微笑着向他们鞠躬问好，既是个人良好修养的体现，也是学校良好形象的展示，既令师长和客人倍感愉悦，也让自己深感开心和自豪。

讨论：

你有过不尊重老师的行为吗？如果有，下次遇到类似情形时你会怎么做呢？

（三）进出办公室应文明有礼

办公室是教师及学校管理人员办公的地方，同学们不要随便进出，以免影响办公。

1. 提前预约，准时到达

老师在办公室里要处理的事情很多，时间往往安排得很紧凑，随便打扰老师会影响其正常工作，也是一种不礼貌的行为。如果事出有因，要事先和老师打招呼预约，并把约见的目的讲清楚，以便老师做好准备，也节省自己的时间，若是临时有急事或是老师让学生到办公室则另当别论。

学生在约定的时间里必须准时到达，可以早到几分钟等待老师，不可迟到让老师等待。如果约定较早，在约见时间到来之前应再次确定，看老师是否因故改变了计划。如果出现变动，就要主动提出放弃约见，重新约定时间。

2. 敲门喊“报告”

进入老师办公室时，无论门是否开着，都要敲门喊“报告”，进入后与在场老师微笑问好：“老师们好！”如果老师示意坐下，就大方落座谈话。如果老师没有请你坐下，不能随便拉过椅子就座。如果老师请你喝水，要站起来双手接过并道谢。

礼析启思

案例：

小章的班主任肖强老师是学校的教学新秀，课上得好，班级带得好，与全班同学相处得也很好，深受同学们喜爱，同学们都亲热地称他“强哥”，肖老师也觉得这种称呼很亲切。这天，小章去办公室交作业，李校长和其他两位老师正好也在，四人正愉快地交谈。小章敲门喊“报告”，听到“请进”的回应后，微笑着一一向师长们鞠躬问好：“强哥好，王老师您好，彭老师您好，李校长您好！”大家愣住了，肖老师脸上满是尴尬，李校长也略有不悦。小章心里“咯噔”一下，却不知道自己哪里做错了。

点评：

向多人打招呼要注意称呼的顺序，且要做到称呼得体、注意场合或环境。小章主动向师长们打招呼时，应先问候李校长和其他老师，最后问候肖老师；而在有校领导、其他老师在场的办公室则不宜用“强哥”称呼肖老师。

讨论：

以小组为单位，自拟情境，上台展示进出老师办公室的礼仪，师生点评。

3. 不乱动老师的物品

进入老师办公室后不要乱动老师的物品。如果老师暂时不在办公室，需要等待时，可以看看报纸，也可以坐等老师到来，但是注意不要坐在其他老师的座位上。如果正好遇到老师在与他人谈话，应该主动提出换个时间再来，以表示尊重。若老师表示不必介意，可站在一旁静静等候，不要轻易插话。

4. 控制好时间

如果不是老师主动提出，最好不要在中午的时候去老师办公室，以免影响老师休息。事情处理完毕要及时离开。同时还要注意，与老师谈话时声音要轻，以免影响其他老师休息。

5. 有礼貌地向老师道别

离开老师办公室时，要礼貌地向老师道别，并对老师给予的帮助或教育表示感谢。如果是坐着交谈，临走前要把椅子轻轻地放回原处。如果老师要送学生出办公室，学生要请老师留步，不能只顾自己走。如果请教的问题还没有完全解决或谈话还没有结束，上课铃响了或已到老师的下班时间，应征求老师的意见，约定继续谈话的时间后再告别离去。进出办公室的动作要轻，不要大声喧哗，以免影响其他老师工作。

（四）有事外出需请假

遵照学校管理制度，学生有事需要外出时，必须向老师请假并办理请假手续。在万不得已的情况下，可以打电话或用其他方式请假，先将相关请假证明拍照发给宿舍管理员和老师，但是回到学校后应立即向老师说明情况并补办手续。假期结束后，如果不能及时回到学校，也应该与老师通过电话沟通续假。如果老师不同意，就应该克服困难，尽快回到学校；如果得到老师同意，也应该在回校以后向老师说明情况，表示感谢。

（五）虚心接受老师的批评教育

教师的职责是教书育人。学生应该虚心接受老师的批评教育。如果老师的批评与事实有出入，学生要在老师讲过之后平心静气地加以解释，或寻找适当的场合、时机加以说明。与老师发生矛盾，学生不要顶撞老师，更不能打骂老师，或是在课下散布对老师的不满情绪，发泄无礼的言辞。如果的确是自己做错了，要勇于向老师认错，并请求老师原谅。

（六）适时表达对老师的尊重、关心和体贴

同学们要学会在平时的言谈举止间表达对老师的尊重、关心和体贴，也可在教师节、妇女节和春节等重要日子里向老师表示祝愿。

礼析启思

案例 1:

郑老师很注重引导学生从细节处体现文明素养，和同学们相处久了，总能惊喜地发现大家的变化："每当晚自习结束，走出教室，总有学生抢着帮我拿书、拎包；有男生匆匆跑到楼梯间，将楼梯门打开，发出声响使感应灯亮起，绅士般欠身伸手，请我靠扶梯行走；上课忘记带水杯，有同学悄悄递上一瓶矿泉水；一起步行时，同学们总要我走靠里的一边；聚餐碰杯时则会把杯子一再压低……家长们也纷纷称赞自己的孩子更加懂事、有礼貌了。每当这时，为师的幸福感便油然而生。感谢我的学生们！"

点评:

教育关心学生是老师的职责，同学们的知识水平、思想修养在老师的帮助教育下不断提升，会使老师感到自己的劳动有了价值，在同学们成长的同时享受到职业的幸福。同学们从细微处体现对郑老师的关心和体贴，使她既开心又感动。

讨论:

你常从哪些细节体现对老师的尊重、关心和体贴呢？老师有没有被你的这些细节感动过？

案例 2:

一批刚走进北大校园的年轻人，相约去探望著名学者季羡林先生，走到门口却开始犹豫，他们怕冒失地打扰了先生。最后决定，每人用竹子在季老家门口的土地上留下问候的话语。然后满意地离开了。

点评:

留在季老家门口的问候语体现的正是北大学子们对师长的尊重。

讨论:

在教师节等重要的日子里，你怎样表达对老师的关心和敬重呢？

二、关爱同学

在校学习时，同学们朝夕相处，是亲密的伙伴，如果拥有良好的人际关系，能够时时感受融洽的集体氛围，对于同学们来说是一种能够影响一生的幸福。所以，同学们彼此应该以礼相待，注意文明礼貌。

（一）相处之道

1. 互相尊重

有的同学认为，同学之间长期相处，友谊日深，亲密无间，不必以礼相待，其实这是一种误解。同学之间的感情是在互相尊重、互相帮助、互相关爱的基础上形成的，越是这样，就越应该珍惜这种感情，谈吐举止要有分寸。对于同学遭遇的不幸、偶尔的失败、学习上的暂时落后等，不仅不能嘲笑、歧视，还应该给予热情的帮助。不要对同学评头论足，和同学开玩笑要讲究轻重，不能侮辱、打骂同学。要尊重他人的生活习惯。

礼析启思

案例：

小张和小黄是高技班同学兼室友，感情一直不错。但小张经常抱怨说受不了小黄给他起的绰号“矮子哥”。一天早上，在去上课的路上，小黄不停地叫小张的绰号，引起小张极度不满，于是小张和小黄吵了起来。

点评：

有的同学认为，同学之间相互称呼绰号是一种亲昵的举动。一般来说，含有对对方的赞赏或表扬的绰号会让人觉得受到了肯定，有利于建立良好的同窗关系，但拿对方身材、智力、家庭等开玩笑，却是对别人的不尊重，应该禁止，以免造成严重的后果。需要注意的是，即使是称呼赞赏或表扬的绰号，也要征得对方的同意。

讨论：

小张在小黄为自己起绰号时应该怎样做，才能使小黄纠正自己不尊重同学的言行？

2. 真诚友好

真诚是打开别人心灵的金钥匙。同学们在交往中，有一个从陌生到熟悉的过程，真诚是巩固和加深友谊的催化剂。和真诚的人在一起能使人产生安全感。同学之间的真诚体现在对人友好，平时遇见同学要热情打招呼，可以问好、点头、微笑、招手或喊一声名字等。对别人的热情则要及时回应。

3. 融入集体

每个人都离不开集体，如同一滴水离不开浩瀚的大海。虽然同学们都有鲜明的个性，不愿依附于任何人，但个人的成长不可能是孤立的，所以，同学们要学会过集体生活，学会顾全大局，培养自己的集体意识。只有融入集体，和其他同学共同营造一个团结友爱、积极向上的集体，才能更好地成长成才。

4. 善于交谈

同学之间的交流无处不在，好朋友之间甚至可以无所不谈。交流可以增加同学之间的了解，增进友谊，增长知识。在交谈时，说话态度要诚恳谦虚，语调平和，不可装腔作势。交谈中力求语言文雅，注意场合分寸。听同学说话时态度要认真，不要轻易打断别人的讲话，要插话或提问时应选择适当的时机。若同学说法欠妥或说错了，应在不伤害同学自尊心的情况下，恳切、委婉地指出。吵架、骂人、说难听话是一种没有教养的行为及无礼的表现。如果在交谈中因为言辞不当伤害了对方，应及时真诚地道歉。致歉的方式有直接口头致歉、电话致歉、用手机发消息致歉、由他人转达歉意等。

礼析启思

案例：

小青和小悦是好朋友。一次，学校发放贫困学生助学金，小青知道小悦家因母亲常年生病，经济比较困难，符合申请资格，便催促小悦去找班主任申请。但小悦性格内向，自尊心又强，迟迟不肯行动。小青急了，冲着小悦大声说：“你家里困难，现在为什么又不申请助学金呢？”当时正值课间，很多同学的目光被小青的大嗓门吸引过来，小悦一言不发，脸上红一阵白一阵，十分不悦。小青顿感失言，却不知道如何补救。两人好长一段时间都没有说话。

点评：

在日常交往中，小青作为小悦的好朋友，关心她的家庭状况，体现出小青的待人诚恳、热情善良。然而，小青在公共场合应保护小悦的隐私，而不是让好朋友难堪甚至气恼。小悦也应该谅解好朋友的无心之言，两人为小事互不搭理不是同学间友好相处应有的表现。同时，申请助学金并不会低人一等，小悦不必为此事困扰。

讨论：

小青、小悦怎样做才能和好如初呢？

温馨贴士

道歉的五种方式

道歉是消除误会、弥补过错、化解矛盾的重要形式。

以下五种道歉方式，大多数人使用其中的一两种就能有效地表达诚意，而不必把五种全都用上。只要对方认为你的道歉是发自真心的，一般都会接受。

1. 表达歉意：“我现在才知道已经深深地伤害了你，我很后悔，我为自己的行为真心地向你道歉。”“我当时没有认真考虑你的感受，但现在我知道我的话太过火了。很抱歉，我当时太不礼貌了。”

2. 承认过错：“我知道我做错了，我的做法很自私。”“我犯了一个大错误，只怪我当时没有三思而后行。我错了。”“我那样对你说话是不对的，我的话既刻薄也不符合事实。”

3. 弥补过失：“我能做些什么来弥补我的过错呢？”“我知道我深深地伤害了你，我愿意做点事情来弥补，你能给我一个机会吗？”

4. 真诚悔改：“我知道自己的行为给你带来了痛苦，我再也不会这么做了。我会积极听取你关于我应该如何改变的任何想法。”“你愿意在我‘旧病复发’的时候提醒我吗？你的提醒会让我停下来并改变方向。”

5. 请求宽恕：“我不该那样对待你，请你原谅我。”“我深深地伤害了你，你有理由不理我，但我还是希望你能原谅我。”

5. 帮助他人

助人为乐是中华民族的传统美德之一，也是校园礼仪中不可缺少的部分。当同学需要帮助时，我们要分清是非、弄明情况。如果是对的，应尽力而为、量力而行，助其一臂之力，切忌视而不见、置之不理。值得注意的是，如果他人要求你弄虚作假，或者是做违法乱纪的事，则要有正确的是非观，不可同流合污。

自己需要他人帮助时不可强求，尽量不给别人造成困难，甚至带来麻烦。

（二）交往忌讳

1. 忌人格不平等

同学之间在人格上是平等的，自傲或自卑都可能影响同学关系的正常发展。

2. 忌小群体

在一个集体里学习和生活，总有一些关系不错的朋友，但忌长时间只接触几位关系好的同学，而不和其他人相处。尤其是当小群体的利益与集体的利益发生冲突时，应以集体利益为先。

3. 忌攀比

同学之间可以比志气、比信心、比学习的动力，这样可以形成你追我赶的学习气氛。但作为学生，不能盲目攀比物质、比消费，这样只会越来越爱慕虚荣，不利于良好品格的培养。

4. 忌说三道四

在背地里说三道四是人际交往中最忌讳的事情。正确的做法是谨言慎行，自己不传不说；听到别人说时，要认真分析真伪，不要轻信或盲从。

5. 忌说话伤人

“良言一句三冬暖，恶语伤人六月寒。”要尊重他人，忌自以为是、出言不逊。

6. 忌不良效仿

同学之间交往要互助互进，这才是有益的往来。近朱者赤，近墨者黑。要善于交友，学会选择，确立正确的学习榜样。

（三）避免与同学发生争吵的方法

1. 沉默以对

耐心地等对方把话说完，在双方情绪都比较激动的情况下，尽量保持沉默。避免自己当场发火，可能就会避免一场争吵。

礼析启思

案例：

小潘和小孟是好朋友。一天，两人吵架了，闹得很凶。小潘说：“我们绝交吧，你让我失望了。”小孟不作声。第二天，小孟递给小潘一个大苹果和一袋牛奶，不好意思地笑道：“对不起，昨天是我态度不好，说话太冲。我不愿失去你这个好朋友。我请你吃苹果、喝牛奶，请你原谅我！”小潘也承认自己有做得不好的地方，两人和好如初。

点评：

当和好朋友小潘闹矛盾，听到对方提出“绝交”时，小孟选择了沉默。等到第二天小潘心中的火气渐消时，小孟用真诚的语言和行动表达了歉意，使得友谊的小船没有说翻就翻。这是十分明智的做法。

讨论：

小潘听了小孟的肺腑之言，是如何回应的呢？

2. 幽默是金

当双方争吵的导火索即将点燃时，一方以幽默的言语改变现场紧张的气氛，是睿智的办法。

礼析启思

案例：

学校要开运动会了，体育委员小张组织同学们在操场训练齐步走。一位同学总是同手同脚，引得大家想笑。杨鑫同学没能忍住发笑，被小张发现了。见小张黑着脸朝自己走来，杨鑫暗叫不妙：“我这次死定了！”在他准备接受批评、惩罚时，小张挥拳怒道：“让你尝尝我的洪荒之力，我打！”随即一拳轻轻打在了杨鑫身上，虽然不重，但杨鑫却似乎被打蒙了。同学们不禁大笑了起来，杨鑫也不好意思地笑了。训练继续进行。

点评：

小张佯装发怒、挥拳轻打，诙谐幽默的话语加上夸张的动作，巧妙地制造了轻松有趣的氛围，既保护了做错动作同学的自尊心，又促使杨鑫同学知错就改，训练得以正常进行。

讨论：

如果你是那位在齐步走中同手同脚的同学，当自己拖了集体的后腿时，你会如何用幽默的方式表达歉意呢？

3. 心平气和

当双方言语激烈时，自己不妨学会心平气和、表情自然，尽量放低说话的音量和放慢说话的速度。

4. 就事论事

争论时不要翻旧账，不要对过去的事情耿耿于怀、揭人短处，更不能对他人进行人身攻击。

5. 换位思考

争论时，不妨反过来问问自己，到底自己对不对，换位思考一下，站在对方的角度看问题，争吵可能就不会继续。

6. 合理退让

“退一步海阔天空。”在多数场合下，与人争吵并不能真正把对方说服，反而会使对方更加坚持自己的意见。在争吵时做出合理的退让有利于化解争吵。

（四）与异性同学交往

处于青春期的同学们对于异性的认识刚刚萌芽，处于朦胧阶段。在这一时期，人的第二性征发育、自我性别的认同、思维的发展、记忆力和想象能力等都处于最旺盛的时期，因此，可以说青春期是人们学习文化知识、社会交往技巧的最佳时期，如何与异性同学交往是一个不可回避的问题。

礼析启思

案例：

小峰对邻桌女生产生了好感，买雪糕总是买两支，有新书主动借给她，晚上放学还护送该女生回宿舍。学期结束时，小峰便兴奋地提出“发展恋爱关系”，该女生却说他有“歪心眼”，并找老师申请调换了座位。被浇了冷水之后，小峰不但没有冷静下来，反而产生了强迫性思维："她为什么不喜欢我呢？我长得太瘦弱？我对她还不够好？"终日胡思乱想，导致他的成绩不断下降，整天无精打采。

点评：

小峰爱慕邻桌女生是青春期的正常表现，但因此分散了精力，影响了学习和身体健康却不可取。

讨论：

小峰应该怎么办呢？

有的家长、老师、学生对异性交往存在着理解的偏差，认为这个时期的男女同学之间不应接触，还太早，不够成熟，或者认为与异性同学交往会分散学习精力，影响学习，又或认为与异性同学交往必定就是早恋。

实际上，与异性交往是青少年心理发展的正常需要。同学们应遵循以下几个原则，使异性同学之间的交往向健康、积极的方向发展。

1. 多参加集体活动

异性交往的动机有很多，很多同学并非为了"恋爱"而接触异性，只是出于对异性的好奇。这个时候，集体活动能够给大家与异性接触和了解的机会，能够形成更加积极健康的异性友谊。

2. 自我保护与自制

异性之间有一种自然的吸引力，男女同学都应懂得自我保护，强调自己的自制力，注意保持一定的交往距离。与异性同学交往不宜在阴暗、偏僻的场所，而应在公共场所；不宜在晚上单独交往；到异性宿舍，应得到准许，且不应停留过长时间。

与网络虚拟世界的异性交往更要谨慎，最好不要通过这种方式与陌生异性交往，防止交友不慎，上当受骗。

总之，同学们可以通过学习了解关于异性的知识，正确看待异性知识，实现文明、聪明、理智的交往。

校园是学生学习、生活和娱乐的公共场所。作为学生，同学们的大部分时间要在校园里度过，美好的校园生活需要礼仪的协调，每位同学都有责任维护校园的秩序。

菁菁校园，礼仪为先。

“纸上得来终觉浅，绝知此事要躬行。”让我们知行合一，以礼育德，以仪修身，将规范内化于心，自觉遵守校园各项礼仪规范，让文明之花开遍校园每个角落，共同守护青春最美的精神家园。

思考练习

1. 课堂礼仪包括哪些内容？

2. 如何正确看待与异性同学的交往？

3. 小李是班级里的纪律委员，对待工作非常认真，经常主动向班主任反映同学们的一些违纪现象，但是同学们认为他爱打小报告，对他的意见越来越大，本来和他关系不错的舍友们也开始疏远他。小李该怎么办呢？

课后训练

形象永远走在能力前面

（有删改）

杨　澜

虽然我们一再强调，不要过分关注一个人的外表而忽视了其内在的品质，但我们也要认识到，一个人的形象是一张名片。衣着得体、外表端庄是对他人的尊重，也是自我成熟的表现。没有人有义务必须透过连你自己都毫不在意的邋遢外表，去发现你优秀的内在。

1995年的冬天，如果我再找不到工作，放弃几乎成为唯一的选择。

可我再一次被拒绝了。想起那个面试官的表情，我非常抓狂。她竟然说我的形象和我的简历不相符而拒绝继续向我提问。我低头看自己的打扮，很明显，因为穿着问题，我被她鄙视了。我发誓我可以用我的能力让她收回对我的鄙视，但我没有得到表现我能力的机会。

形象往往走在能力前面。

我的房东莎琳娜太太是一个很苛刻的中年女人。她规定我必须12点之前熄灯睡觉，规定我必须在10分钟之内从浴室出来，规定我如果不穿戴整齐就不准进入她的客厅，她甚至规定我在她有客人来访的时候必须涂口红！

我非常讨厌莎琳娜这种所谓的女性尊严。但所有人都说，莎琳娜是最好的寄宿房东。

我看不出她好在什么地方。就好比，当我很多次面试失败回来后，厨房里一点吃的都不会有。并且如果我上楼发出声音，她会站在卧室门口很大声地指责我。

我刚刚洗完头发，坐在床上，一边翻看报纸的招聘信息，一边吃我带回来的面包卷。这很是违反了莎琳娜的原则。她冲上前来，一把夺过我的面包和报纸，用英文大吼："你这个毫无素质的女孩儿！你滚出我的家！"

我于是披散着头发，在睡衣外裹上大衣冲出了门。

25年来，我以非常漂亮的成绩和能力一路所向披靡，从来没有人说我没有素质。

我们家并不贫穷，但25年来我的妈妈一直告诉我，能力才是最重要的。我不能明白以貌取人在这里居然成为一个正义的词语，这简直是对我25年的人生观的侮辱！

我愤怒地冲进一家咖啡馆，天气实在太冷，我也很饿。

咖啡馆的人居然很多。侍者以一种奇怪的眼神把我引到一个空座位边，那是咖啡馆里唯一的空位。我的对面是一个老太太，她看起来比莎琳娜更加讲究，就像伊丽莎白女王一样尊贵与精致。我下意识地收起自己宽松睡裤下的运动鞋。然后我看到她裙子下着了丝袜和漂亮高跟鞋的腿，以她这样的年纪，却仍然把这样的鞋子穿得非常迷人。

在很多高级餐厅里，衣衫不整是被拒绝进入的。我想我能进来的原因大概是因为我穿了价值不菲的大衣。我不由得暂时收起自己的愤怒，说："给我一杯热咖啡，谢谢。"

侍者走开后，对面的老太太并不看我，而是从旁边拿了一张便笺，写了一行字递给我，是非常漂亮的手写字："洗手间在你的左后方拐弯。"我抬头看她，她正以非常优雅的姿势喝咖啡，没有看我半眼。我的尴尬难以言明，第一次觉得不被尊重是应该的。

我的头发被风吹得非常凌乱，我的鼻子旁边甚至还沾了一点面包屑！虽然我的大衣质地非常好，但我的睡裤被它衬得很老旧。我第一次有点看不起自己。这样的打扮，我有多不尊重自己，致使别人觉得我也不尊重她们。我想起下午去面试时自己的日常便装，那应该也是对一个高级经理的不尊重吧？

当我再回到座位的时候，那个老太太已经离开了。那张留在铺了细柔格子餐桌布上的便笺多了另一句漂亮的手写字："作为女人，你必须精致，这是女人的尊严。"

我逃也似的走出了那家咖啡厅。莎琳娜竟然坐在客厅里等我，一见我就对我说，我超过了12点10分钟才回来，所以明天必须去帮她清洗草坪。我答应了她，并向她道歉。

我发现莎琳娜教了我许多同样有用的东西：12点之前睡觉能让我第二天精力充沛，穿戴整洁美观能让别人首先尊重我，穿高跟鞋和使用口红使我得到了更多绅士的帮助，我开始感觉自己的自信非常充足而有底气，我不再希望别人通过看我的简历来判断我是不是有能力。

我最后一次面试，是一家大牌化妆品公司的市场推广。我得体的着装打扮为我的表现加了分。那个精致干练的女上司对我说："你非常优秀，欢迎你的加入。"

我没有想到，我的上司居然就是我在咖啡馆里遇到的那位老太太。她非常有名，是这个化妆品品牌的销售女皇！

你必须精致，这是女人的尊严。

我对她说："非常感谢您。"是真的非常感谢她，非常感谢她那句"作为女人，你必须精致"，虽然她没有认出我。

是的，没有人有义务必须透过连你自己都毫不在意的邋遢外表去发现你优秀的内在。

感悟：

主持人杨澜知性美丽、举止优雅、气质超群，2013 年被福布斯评为全球最具影响力的 100 位女性之一，1990 年至 1994 年担任中央电视台《正大综艺》节目主持人，1994 年获中国第一届主持人金话筒奖。

她的经历告诉我们：“你若盛开，蝴蝶自来！”

还犹豫什么？尚在校园中求学的同学们，快快行动起来吧，严于自律，内外兼修，不断为自己加分！

行动：

1. 正确的自我认知是完善自我的前提。请认真填写下表，对自己的校园礼仪素养进行全方位的评价，找出自己的不足，提出改进措施。

评价项目	评价内容	分值	自评得分	小组评分	综合得分
课堂礼仪	遵守纪律	5 分			
	专心听讲	5 分			
	积极发言	5 分			
	作业认真	5 分			
宿舍礼仪	保持整洁	5 分			
	按时就寝	5 分			
	节约水电	5 分			
	爱护公物	5 分			
食堂礼仪	自觉排队	5 分			
	保持卫生	5 分			
	节约粮食	5 分			
	爱护公物	5 分			
活动礼仪	积极参加	5 分			
	穿戴得体	5 分			
	态度认真	5 分			
	遵守纪律	5 分			

续表

评价项目	评价内容	分值	自评得分	小组评分	综合得分
交往礼仪	尊重他人	5 分			
	主动问候	5 分			
	互助互谅	5 分			
	举止得体	5 分			
总　计		100 分			
个人分析					
小组建议					
改进措施					

2. 以下不同的情境中，人物的哪些言行举止不符合校园礼仪要求？

（1）下课了，小陆在教学楼里的男卫生间碰到隔壁班的韩同学，主动热情地打招呼："嗨，胖子，吃过午饭了吗？"旁边其他同学投来异样的目光，韩同学很是尴尬，低下头说："我们刚下课。""我也是，那我先去食堂了。再见。"小陆说完，将手冲洗干净，一边甩干湿淋淋的手一边朝门外走，弄得到处都是水，甚至还甩到其他同学的身上。

____

____

（2）小陆和小潘都是学校技能集训队的成员，两人在暑假备战市技能大赛时住进了学校为集训队队员统一安排的公寓宿舍。集训结束，向宿管阿姨退房时，小陆将自己的物品装进行李箱就走出了房间，小潘则把两人的床铺整理整齐、将房间里的东西一一归位，卫生间洗手池台面等也都擦干净后，才锁好门、拿着行李离开。小陆在一边等得不耐烦，嫌小潘多此一举、浪费时间。

____

____

3. 以小组为单位，总结校园里教室、宿舍、食堂等场所中看到的不文明行为，制作成演示文稿，向全班同学展示，针对以上不文明现象和行为谈谈自己的感受，并提出具体的改进措施和建议。

4. 上台向某位老师或同学说声“对不起”或“谢谢”。

温馨提示：先简述致歉或道谢的原因，再微笑、真诚、具体地表达歉意或谢意，注意要有恰当的眼神交流。

5. 以小组为单位，上台进行“心灵交流”并记录在表中。

人物	交流内容
男生	我们欢迎这样的女生…… 1. 2. 3. 4. 5.
女生	我们欣赏这样的男生…… 1. 2. 3. 4. 5.

职场礼仪篇

通过几年的学习，同学们最终将走上工作岗位。在当今人才济济、竞争激烈的社会里找到一份工作，选择适合自己专业和兴趣的职业，是一件令人羡慕的事。走出学校进入职场，怀揣技术、胸怀远大、满腔热情是不够的，还必须懂得职场规范和礼仪。

职场礼仪是指人们在职业场所中应当遵循的一系列礼仪规范。了解、掌握并恰当地应用职场礼仪会使你在工作中得心应手，使你的事业蒸蒸日上，在工作中不断获得实现自身价值的成就感和幸福感。

模块一　求职礼仪·精心准备展实力

求职面试礼仪是求职者的一门必修课。任何事情自有其成功的秘诀，若想获得一份心仪的工作，除了要有真才实学，还应具备一定的社交技巧，在招聘者面前展示个人良好的文明修养。

一、求职准备工作

求职时，每个人都希望给面试官留下一个好印象，从而增加被录用的可能性。所以，事先做好求职准备，了解面试礼仪是非常重要的，这是迈向成功的第一步。

求职者在求职过程中，为了向用人单位全面提供自己的情况，并证明这些情况的真实性，往往要准备以下书面资料：学校的应届毕业生就业推荐表、求职信、个人简历、毕业证书、职业资格证书、职业技能等级证书、获奖证书、发表的文章、各类培训证书等。以上资料除了求职信外，其他均可用复印件。

以上资料中，求职信（也叫自荐信）是关键材料。求职信写得好会给招聘人员留下深刻的印象，起到很好的自荐作用。

求职信的书写应符合以下要求。

（一）诚实

写求职信时一定要诚实，不可谎报自己的经历和文化程度，要如实地写出你所具备的与应聘岗位相关的履历。当然，也不必过分谦虚，让对方怀疑你的自信心。

（二）优先选择手写

手写求职信可以表示对阅信人的尊重，使对方感受到你求职的诚意，能达到以情感人、以诚动人的效果。但如果字写得不好看，打印可避免“露短”。

（三）格式规范

求职信一般附在求职材料正文首页。从某种程度上说，求职信决定着你能否获得下一步的面试机会。

求职信属于书信的范畴，其基本格式应当符合书信的一般要求，包括以下几部分内容。

1. 称呼

求职信开头要使用正确的称呼。

2. 正文

求职信应回答的问题有：“你是谁？”“你是怎么知道应聘单位的招聘信息的？”“你了解所要应聘的用人单位吗？”“你要申请什么岗位？”“你为什么认为自己适合这个岗位？”

一般来说，求职信的正文首先应简要介绍求职者的情况，如姓名、年龄等。接着要直截了当地说明从何渠道得到有关信息以及写此信的目的。再着重介绍自己应聘的有利条件，要特别突出自己的优势和闪光点，以使对方信服。最后表达希望对方给予答复，盼望能有机会参加面试的心情，并提供自己的联系方式。

求职信的内容核心是：必须结合职位描述提炼出自己的3~5个核心能力点，以体现与岗位的匹配度；举例说明自己的能力和长处；突出与岗位相关的独特经历。写给不同招聘单位的求职信，核心内容也应该有所区别，尽量体现自己与所应聘岗位的适配度。

为了表示对对方的尊重，信中应适当选用谦辞、敬语，如“恳请”“敬请”“您”“贵公司”等。

3. 结尾

结尾写上“此致”“敬礼”等表示敬意、祝愿之类的祝词。

4. 落款

在结尾祝颂语后，另起一行在右下角写自己所在的学校名和姓名。再另起一行在右下角写日期，日期一般用阿拉伯数字，年、月、日要写全。

5. 附件

求职信后附有效证件，如学历证、学位证、职业资格证、职业技能等级证书、获奖证书等的复印件及简历、近期照片等。可在求职信最后写上“附相关证书复印件”。这样做，既方便招聘单位审核，也可以给对方留下做事踏实认真、细心周到的好印象。

求职信往往会寄发给许多不同的单位，不宜千篇一律，以免张冠李戴。要针对目标单位的性质、特色撰写。篇幅不宜太长，一页即可。

个人简历没有固定的撰写格式，简单明了、一目了然即可，也可以用表格形式。学历、专业能力、特长、实践经历等重要信息浓缩在一页上，主次要分明。用人单位往往更看重你现在的学历和能力，所以，时间上宜从现在往前写。

（四）确保书写无误

无论是手写或是打印求职信，都要确保准确无误，不要有病句、错别字，连标点符号也不能出错。如果是手写，一般用楷书或行书，不可用草书。要使用钢笔、水笔或毛笔书写，不可用圆珠笔、铅笔书写，不可使用红色墨水。字迹要工整，不可潦草，不可在纸上出现污迹或明显的涂改痕迹。求职信写好后，一定要认真检查，确认无误后方可递交给用人单位。这不仅有利于提高自己求职的成功率，也是对用人单位的尊重，还是一名优秀员工必备的品质之一。

（五）慎用信封信纸

信封和信纸的使用要严格遵循必要性和适配性原则，避免因形式问题分散招聘方对内容的关注。

在数字化为主流的背景下，建议同学优先优化电子版求职信，并通过精准投递策略提升求职的成功率。若需使用纸质材料，应将其视为“实体名片”，通过细节设计强化自己的专业形象（如设计、艺术类专业）。

1. 慎用信封信纸的原因

（1）数字化招聘趋势

现代招聘流程中，90% 以上的公司通过邮箱、招聘平台或 HR 系统接收简历和求职信，纸质信件易被忽视。

邮寄纸质信件存在延迟风险，且无法实时追踪投递状态，可能错失申请机会。

（2）专业形象的潜在风险

使用花哨信纸或非标准尺寸的信封，可能被招聘方视为“形式大于内容”，削弱求职信的专业性。

劣质信纸易显廉价，而过于厚重的信封可能增加邮寄成本。

（3）行业与岗位的适配性

金融、法律等对流程严谨性要求高的领域，部分企业仍可能偏好纸质材料，但需提前确认招聘要求。

设计、艺术类等职位可能通过信纸风格展示个人审美，但需确保内容与形式的平衡。

2. 信封信纸的使用规范

（1）根据需要选用

仅在招聘方明确要求提交纸质材料时使用，或作为补充材料（如要求附上作品集时，可将求职信、简历等与作品集一同递交）。

若需邮寄，优先选择可追踪的快递服务，并备注“求职材料”。

（2）选用规范信纸

求职信宜采用纯色（推荐白色、浅灰色）或单色线条信纸，字号与排版需与电子版简历一致。信纸左上角需包含姓名、联系方式、日期，右下角可添加手写签名（电子版的签名需清晰）。

（3）信封使用要点

优先使用标准信封（如 A4 尺寸），牛皮纸或亚光纸材质更显质感。收件人姓名、职位、公司名称、详细地址需书写工整、正确。

如果是应届毕业生，可以选用署有本学校校名、校徽的信纸和信封。使用印有其他单位字样的公函信纸、信封，是对对方的不敬，有损自己的印象。

（4）邮寄后的跟进

通过快递单号查询物流进度，若超 3 个工作日未达，应及时联系招聘方。

同步发送 PDF 格式的求职信、简历等内容至指定邮箱，通过邮件标题注明“姓名 + 岗位 + 求职信”，注明“纸质版已寄出”。还可视个人情况，制作 1 分钟以内的短视频作为补充，突出个人的表达能力等。

知识链接

求职信范例

求职信

尊敬的公司领导:

您好!

我叫×××，现20岁，系×××××技师学院数控车工专业××××届应届毕业生，特致此信，真诚应聘贵公司数控加工中心技术员岗位。

一、专业学习方面

我始终保持优异成绩，先后6次荣获国家励志奖学金或学院特等奖学金，5次荣获市级、校级“三好学生”“优秀学生干部”等称号。机械制图、机械制造工艺和装备、金属材料与热处理、机械设计基础、机床夹具设计、数控编程与操作、机床电气控制等专业课程都取得了90分以上的成绩，对普通机床、数控机床等设备的使用和维护有一定的经验，获得了数控车工高级职业资格证书和加工中心操作工技师证书，为我从事数控加工工作奠定了坚实的理论基础。

二、实践操作能力和职业素养方面

在校期间，我积极参与各类实践课程和实训项目，能够熟练使用Siemens等系统进行编程和操作，完成过复杂零件的加工，加工精度可控制在±0.01 mm以内。我设计的模块化夹具曾获学校创新竞赛二等奖。

我曾在×××××公司进行了为期6个月的实习，担任数控加工操作员。实习期间，坚守职业道德，有高度的安全规范操作意识和工作责任心，严格执行ISO 9001工艺标准，负责的生产批次100%合格，未发生批量质量问题，得到了公司领导的认可和表扬。

我对数控加工工作充满热情，有较强的学习能力和解决问题的能力，面对加工过程中出现的难题，能够通过查阅资料、请教他人等迅速找到解决方案。同时，多年担任系学生会干部和班干部的我有着较强的沟通表达能力、组织协调能力和团队合作精神。

我非常期待能加入贵公司，将我的专业知识和实践技能运用到实际工作中，为公司的发展贡献自己的力量。

感谢您在百忙之中阅读我的求职信，愿贵公司蒸蒸日上。如果您能回复我，给我面试机会，我将不胜感激。我的联系电话是 ×××××××××××。

若有幸成为贵公司的一员，我会争做一名优秀员工；若暂时不能进入贵公司，贵公司对员工的素质要求也是我今后不断加强职业修养的基本标准。

此致

敬礼

求职者：××××× 技师学院 ×××

×××× 年 × 月 ×× 日

附：相关证书复印件

二、求职面试礼仪

与人初次见面，给人的印象往往最为深刻，得体的仪表、文雅的举止是一个人基本素质的外在体现，能赢得他人的信赖。

礼析启思

案例：

某知名公司要招聘一名办公室文员，有 30 多人前来应聘。入选的竟是一位年纪轻轻的小伙子。人问其故，人事经理说："他长相普通，但衣着整洁，神清气爽。将打湿的雨伞用塑料袋包好，礼貌敲门，在门垫上蹭掉脚下带的土，进门后随手轻轻关上门。进入办公室时，其他人都从我故意放在地板上的那本书上迈过去，他却很自然地俯身捡起并放到桌子上。当他看到有残疾老人来找我，立即起身搀扶并让座。回答我的问题时简洁明了、干脆果断。他的言行是最优秀的简历。"

点评：

文雅的谈吐、得体的举止是一名好员工的重要品质之一，这已成为许多用人单位的共识。入选的小伙子正是以其良好的个人礼仪修养赢得了这家知名公司的青睐。

讨论：

这位小伙子的成功给了你什么启示？

（一）求职面试的类型

面试是用人单位为加强对求职者的了解而安排的活动。

求职面试有不同的分类方法。

1. 按面试的环境和形式的不同划分

按面试环境与形式的不同，可将面试分为线上面试和线下面试。

线上面试是指求职者通过电子设备（如电脑、手机）和网络平台与面试官进行远程沟通，求职者可在任意安静场所参与，无须到达现场，但需要保证网络的稳定性和设备（如摄像头、麦克风）功能的正常使用。线上面试包括视频面试、电话面试等。

线下面试是指在指定场所与面试官进行面对面的交流，面试官可以直观评估求职者的肢体语言、仪态等细节。线下面试通常包含笔试、实操、小组讨论等多轮面试。

2. 按一次接受面试对象的多少划分

单独面试是求职竞聘中最常见的面试形式，是求职者单独一人面对面试官（通常是一个招聘面试小组）的面试。集体面试是指多位求职者甚至是所有求职者同时进入面试现场，一起面对面试官接受面试，在规定时间内完成同样的面试问题。这一般是某一岗位面试的求职者较多时，招聘单位为提高工作效率而采取的方法。

常见的集体面试形式有多个面试者就面试官给出的某些问题进行自由讨论；根据特定角色及背景资料进行讨论，然后回答面试官的问题；由多个面试者共同完成某项任务或游戏等。面试官从自由讨论或活动中发现人才或从回答问题中判定求职者的个

人素质等。

集体面试中，面试官比较注重面试者以下能力：独立思考问题与解决问题的能力、逻辑思维及表达能力、沟通能力、处理人际关系能力、团队合作能力及组织协调能力。

3. 按面试时所营造的氛围划分

紧张型面试也称压力面试，这类面试官的提问显得毫不留情或缺少应有的礼貌，甚至故意为难面试者。若面试者充满自信、沉着冷静、反应敏捷，就能顺利过关。

宽松型面试则是面试官特意创造一种轻松、友好的气氛，面试者可能感觉像是在闲聊，面试官会和你谈社会新闻、体育运动、个人爱好、天气情况等，甚至会邀请你共进午餐。在这种面试中，求职者应注意自己的言行举止，要尽量适应并融入其中，但又不能完全松懈，不讲礼仪。

4. 按面试内容划分

一般面试通常是在事先规定的时间、地点进行 15~30 分钟的简短面谈。面试主要是了解一些基本情况，提一些常规问题。这种面试方法通常用于招聘一般岗位的员工，有时也用于对众多求职者的初步筛选。

情景面试是指在进行一般面试基础上，考查与招聘岗位工作性质、工作职责等有直接关系的能力。情景面试有很强的针对性，如要求面试者马上进入应聘岗位角色，进入工作状态，在面试官给出的情景中现场处理某些工作。

特色面试是指招聘单位根据本单位实际情况或招聘岗位对人才素质的特殊需求而进行的一些各具特色的面试。

（二）面试前的准备

面试是求职者在用人单位的首次亮相，也是自我表现的最好机会，必须高度重视，提前准备，以取得成功。

礼析启思

案例：

小佳是应届毕业生，在某知名外企招聘基层管理人员时，从众多面试者中脱颖而出。她的成功秘诀是什么呢？原来，小佳在得知这家外企的招聘信息后，随即上网查找该公司的基本情况，全面了解公司的产品种类、市场份额、竞争对手，并到本市几个大商场调查其产品销售情况。在此基础上，她请教了自己的专业老师，构思了一份该公司产品如何扩展市场、增加市场占有率的建议书。面试时，她落落大方，礼貌而自信地回答了面试官提出的各种问题，不失时机地提出了自己的调查结果和方案，给对方留下了良好的印象。

点评：

面试前精心而充分地准备，面试时自信大方、彬彬有礼的言谈举止，是小佳应聘成功的关键所在。

讨论：

你有过实习面试的经历吗？请说说你当时的面试过程和感受。

同学们在面试时要用自己的形象、语言、诚意、真才实学来打动对方，使对方产生兴趣，直到最后决定录用你。为此，面试前应该做好以下五方面的准备。

1. 尽可能了解对方的情况

面试前可通过搜阅企业官网和相关新闻、找熟人亲友了解或进行实地考察等途径了解用人单位的情况，如单位性质（国有、外资、民营等）、历史状况、发展前景、业务范围、改革现状、生产规模、职工队伍结构、专业技术人员的结构与职称等，以及工资、福利、待遇情况，有关领导的姓名、职务，对方需要什么样的专业人员、岗位条件、招聘意图等。

了解这些情况的目的：一是判断单位有无发展前途，个人在该单位有无发展可能，本人能否胜任工作，单位是否适合自己；二是在面试中使对方感受到你是一个对该单位有兴趣、有诚意、工作认真、有责任感的人。如有时间，还可对该单位的现状与前景进行客观评价，并以积极谦逊的态度提出建议，这样往往会赢得对方认可。但要准备充分、谨慎适度，切忌信口开河、夸夸其谈。

2. 准备好你要告诉对方的内容

内容包括你的来意，你准备求职并能胜任岗位的决心。

3. 准备好随时回答对方可能提出的问题

面试时，为了全面考查你，对方一定会提出许多问题，你必须充分准备，才能有问必答、临场不乱。例如：“谈谈你自己。”“你了解我们单位吗？”“请谈谈你的理想与目标。”“你学过什么专业？你学的专业与我们单位的工作有何关系？”“你为什么自荐来我单位工作？”“你有什么特长和爱好？”“你有什么优点和缺点？”

知识链接

面试经典问题剖析

问题 1：请你自我介绍一下。

这是面试的必考题。自我介绍的内容要与求职信、个人简历一致，表述尽量口语化，要切中要害，不谈无关、无用的内容。要突出积极的个性和做事的能力，条理要清晰，层次要分明。事先最好以文字的形式写好并背熟。

问题 2：谈一谈你的一次失败经历。

回答时不宜说自己没有失败的经历，不宜把明显的成功说成是失败，不宜说出严重影响所应聘工作的失败经历。所谈经历的结果应是失败的，可强调失败前自己曾信心百倍、尽心尽力，失败后自己很快振作起来，以更饱满的热情面对以后的生活。

问题 3：你最大的优点、缺点是什么？

回答时一定要实事求是，最好有具体事例作为证明。不宜说出明显不利于应聘工作的缺点。如果说自己小心眼、爱忌妒人、非常懒、脾气大、工作效率低，用人单位肯定不会录用你。也不要回答“我最大的缺点是过于追求完美”。

如：“我最大的优点是吃苦耐劳。上学期，学校组织我们到 ××××× 公司进行工学交替期，在车间工作时，温度高达 40 多摄氏度，穿着笨重的劳保鞋、工作服，身上湿了又干，干了又湿，我依然认真完成各项工作，工段长、师傅们都说我挺能吃苦。我最大的缺点是有时候遇到困难会打退堂鼓，虽然我会积极向身边的亲友和同事请教、求助，最后能够跌跌撞撞地解决问题，但面对困难的自信心和锲而不舍精神还需要大力加强。”

问题 4：我们为什么要录用你？

最好站在应聘单位的角度来回答，强调自己基本符合条件、对所应聘的工作感兴趣、有足够的信心，如：“我符合贵公司的招聘条件，凭我目前掌握的技能、高度的责任感和良好的适应能力及学习能力，我能胜任这份工作。我十分希望能为贵公司服务，希望贵公司能给我机会！”

4. 带齐自荐材料

为保证求职面试时能言之有物，要随时准备亮出你的自荐材料，如推荐信、各种证明材料等。

5. 准备好自己要提的问题

为了加深对对方的了解，以便正确地做出应聘与否的决策，应该选择适当的机会向对方提出一些你想了解的问题。这些想要提的问题在面试前就应该做好准备，可以用心记，也可以用笔记本记。可以提一些关于单位发展前景、岗位培训的问题。如“单位对职工素质有什么要求？”“干好这项工作需要学习掌握哪些方面的知识和技能？”“过去从事这项工作的人容易出现哪些问题？”也可以提一些关系到切身利益的问题，如：“工作是否稳定？”“工资收入、福利情况如何？”但提出这类问题要谨慎适度，不要反复提出，应以征求对方意见的形式委婉提出，如：“我想请问一个问题可以吗？”给对方以认真务实而不是只计较个人利益的感觉。

（三）面试时的礼仪

面试是用人单位对求职者进行选拔而采取的诸多方式中的一种，也是求职者取得求职成功的关键一步。求职面试时，良好的礼仪可以充分展现出自己的修养及个人素质，使用人单位对你欣赏有加。求职者在面试时，除了要遵循一般的仪表、仪态要求外，还要注意以下几点。

1. 穿戴端庄，整洁大方

服饰打扮一定要与谋求的工作相称，要通过着装表现出你积极进取、踏实肯干、健康活泼的精神面貌。

求职面试服饰的总体要求是简洁、明快、得体、大方。不必追求名牌、高档服装，以平整得体、款式朴素、简练精干为原则。颜色以中性色为主，避免夸张、刺眼的颜色。运动装虽然轻松、随意、舒适，但不适合面试场合。面试时也不适合戴帽子、手套或耳套。

礼析启思

案例：

孙玫到一家企业应聘秘书工作。面试之前，她对自己进行了精心修饰：身着时下最流行的牛仔套裙，脚蹬一双白色羊皮短靴，身背橘色挎包。为了和这身打扮配套，她还化了妆。

来到公司，孙玫发现自己在众多应聘者中显得是那么的与众不同，她甚至感到有一点儿得意。正在这时，她碰见了恰好来此处办事的好朋友王丽。“你也来找人吗？”王丽问道。“我是来应聘的。”“应聘？你的这身打扮更像约人去喝下午茶。”“是吗？”孙玫的心里一沉，信心顿减。在后来的面试中，孙玫因为这次的着装乱了阵脚，结果也就不言而喻了。

点评：

衣着在交往中体现的是一个人的职业、身份、地位以及修养等。正确着装，指在不同的场合要穿着适宜的服装，既要符合身份，又要适合场景。

讨论：

孙玫这次应聘的服饰装扮有哪几处是不合适的呢？

2. 遵守时间，不要迟到

参加面试一般要提前 15 分钟到达面试地点。一是表示你的诚意和对对方的尊重；二是提前到场可以稳定情绪，做好准备。

3. 表现自然，举止得体

面试时不要紧张，要表现自然。进门时要主动与面试官打招呼，在对方未坐下或未让你坐下时，不要急于坐下。等让你坐下时，要先说“谢谢”再坐下。对方没有伸手与你握手，不要主动伸出手。坐下后保持坐姿端正，坐的位置不要离面试官太远或太近。

4. 讲究礼貌，尊重对方

到面试地点时，应先轻声敲门，征得对方同意后再进去。见到面试官后，主动打招呼并进行自我介绍。递材料时，应双手托起，微微欠身，双手递上。回答对方提问时，口齿要清楚，声音适中，答话言简意赅。说话时要专注，认真倾听，与对方有眼神交流。不要打断对方的讲话。

礼析启思

案例：

应届毕业生小钱应聘某公司的职位，面试中双方谈得非常愉快，快接近尾声时，人力资源主管问他：“对你来说，现在找一份工作是不是不太容易，或者说你很需要这份工作？”小钱说：“那倒不见得。”

点评：

小钱的回答客观上可能是想表现自己的不卑不亢，主观上却流露出一种傲气，给人力资源主管留下的印象是他的求职态度并不积极。

讨论：

小钱应该怎样得体地回答人力资源主管提出的问题呢？

5. 言简意赅，真诚自信

回答问题应做到：一是要听清楚究竟问的是什么问题，即面试官的真正意图是什么；二是迅速厘清思路，组织语言；三是用简明扼要的语言清晰响亮地回答问题，语言应力求口语化，注意语气、语调、语速和音量，同时要有坦诚的目光交流，有自信、真诚的微笑和自然、适度的手势；四是对于面试官的提问要一一作答，如不能回答某一问题，应如实相告："对不起，这件事我不清楚。回去后，我再关注和研究"；五是对面试官谈话的反应要适度，要表现出对所应聘工作持积极争取的态度。即使面试时感觉自己发挥得不够好，也要有始有终地完成面试，不要马上表露出失望、沮丧等神情。

6. 礼貌告退，感谢对方

面试结束后，如果对方当场表态录用你，要向对方表示感谢，并表示今后好好工作，为单位的发展尽心尽力。如果对方没有表态录用你，不要逼着对方表态，应注意礼貌相待，感谢用人单位给予自己面试的机会，并且表示期待被录用，这样既保持了与对方的良好关系，又表现出了良好的礼仪修养。如果对方表示不能录用，也不要失态，更不要当场说气话；相反，要表示理解，可询问对方自己的不足之处，在下次面试时改正。

温馨贴士

职场面试五忌

1. 忌直白无礼

“你们要几个？”“你们要不要女的？”这样询问招聘方，显得没有礼貌且给自己的表现打了“折扣”。

2. 忌急问待遇

“你们的待遇怎么样？”“你们管吃住吗？”一见面就急着问待遇，会让对方反感。一般在双方已有初步聘用意向时再谈论报酬待遇。

3. 忌不合逻辑

面试官问：“请你告诉我你的一次失败的经历。”答：“我想不起我曾经失败过。”或面试官问：“你有何优缺点？”答：“我可以胜任一切工作。”这样回答不合逻辑。

4. 忌超出范围

例如，面试快要结束时，问：“请问你们董事会成员有几位？你们未来5年的发展规划如何？”这样提问是求职者没有摆正自己的位置，有冒犯之嫌。

5. 忌不当反问

例如，面试官问：“你的工资期望值是多少？”求职者若反问：“你们打算给多少？”这样的反问像在谈判，很不礼貌，很容易引起面试官的反感。

（四）面试后的礼仪

面试之后，将每个面试提问都记录下来，一次面试的成功与否不是最重要的，最重要的是从面试中总结经验，为下次面试做准备。

参加面试后的两三天内，求职者可以向面试单位发出感谢信，或向有关部门打电话询问。即使在面试时被告知“我们会与你联系的”也没有关系，因为这样做既表示了自己对面试机会的珍惜，又使招聘单位对自己希望获得聘用的愿望有更深的印象，以提醒招聘单位及时作出决定。

感谢信篇幅一般不长，只要表明态度就行。如“感谢贵公司 ×× 月 ×× 日给予我应聘 ×× 岗位的面试机会。我非常喜欢这份工作，希望早日获悉您的最终意见。如果贵公司需要我的其他有关资料，请随时联系我，我将十分乐意为您提供。”感谢信的格式与信件书写要求相同。

如果在面试后两三个星期内未得到面试单位的回复，求职者可以写信或打电话表示自己仍有兴趣去该单位工作。

礼析启思

案例：

有的求职者在接到落聘通知后，会给招聘单位写一封感谢信，感谢对方给他们提供笔试、面试机会，使他们获得了求职经验。很多公司会保留落聘者的简历，当他们临时需要人才时，就会从中挑选。那些写有感谢信的人往往会被优先考虑。

某杂志社招聘五位记者，有二十多人面试，几个月后，五名被录用者中有两人因为个人原因辞职，杂志社随即联系了两位写过感谢信的落聘者。

点评：

写落聘感谢信，既体现了求职者的礼貌，给用人单位留下良好的印象，也表明了自己仍有到该单位就职的诚意，往往也是在给自己的未来创造机会。

讨论：

假如你去某公司应聘暑期实习岗位落聘了，请向该公司写一封感谢信。

模块二　日常礼仪·礼貌友善促和谐

如果说求职应聘是推销自我的话，就职上岗就是展示自我能力的开始。步入职场，每个人都希望自己在事业上有所成就，在人际交往中受人欢迎，而这一切都离不开礼仪。

一、注重个人形象

个人的仪表、举止和谈吐不仅仅代表着个人的形象，同时也代表着自己所在单位的形象。因此，在工作单位一定要严格要求自己，时时处处注意自己的形象。

（一）严格遵守单位规章制度

进入工作单位后，一定要充分利用新员工入职培训等机会，全面了解单位的各项规章制度和奖罚措施，如上下班打卡时间、工作时间、请假、休假、加班、值班等。了解单位内部的组织机构，各部门的职能、运作方式，管理各项业务工作的负责人姓名及职责，自己所在部门在组织中的功能和位置，企业的晋升机制等，以便尽快进入角色。严格遵守单位各项规章制度，准时上班，切忌迟到早退。上班期间不乱窜岗位，不做任何与工作无关的事情。不能公私不分、公物私用。

（二）按单位的规定进行着装

保持良好的自我形象，是树立自信、获得人们好感的关键，这对职场新人尤为重要。员工衣着应当符合企业形象。上班期间必须按规定着装，做到稳重大方、整洁得体。如果单位有统一的工作服，上班时间应按照单位要求统一穿工作服。如果单位没有统一的工作服，也要视工作的地点和场合选择着装。有的用人单位对员工的着装要求较高，在办公室上班宜选择较为保守的服装，男士以西装为主，女士着装要美观大方，不要过于夺目和暴露，也不要浓妆艳抹，可化职业淡妆。上班期间把自己打扮得分外妖娆、奇特另类会带来负面影响。男士穿西装要打领带，夏天时注意不要穿拖鞋、短裤、背心，不要赤膊。休闲装、运动装、旅游鞋适合郊游、室外活动，不适合办公环境。

二、营造整洁舒适的工作环境

工作环境对工作效率有着直接的影响。整洁、明亮、舒适的工作环境，会使员工产生积极情绪并充满活力，提高工作效率。

在职场，办公室桌椅及办公设施都需要保持干净、整洁、有序。为使工作更有效率，桌面上只摆放目前正在使用的工作资料。暂时离开座位时，应将文件覆盖起来，关闭计算机文档或使其进入密码保护状态。下班后，文件资料应该收入抽屉或文件柜中。特别要注意的是，最好上班能坚持提前到岗，做一些力所能及的清理工作，表现出主动勤快、吃苦肯干的工作态度，给同事们留下好印象。

三、营造和谐愉快的人际环境

人际关系和谐的工作场所能为员工营造一个舒适的心理环境，有利于工作的开展和工作效率的提高，有利于员工获得职业的幸福感和成就感。

（一）尊重同事，友好沟通

相互尊重是处理好任何一种人际关系的基础，同事关系也不例外。处理好同事之间的关系，最重要的是尊重对方。即对待同事要一视同仁，宜以平等的姿态与人沟通。上班见面时要主动问候，热情地打招呼，下班回家时要互相道别。不在背后议论同事的隐私。对自己的失误或同事间的误会，应主动道歉或说明。不乱动乱用同事的物品，需要借用应先征询同事意见，经同意后方可借用，用后及时归还并道谢。工作中与同事意见不一致时，宜开诚布公，充分沟通，努力寻求合适的解决办法。

礼析启思

案例：

小宋今年刚参加工作，年轻的他工作干劲十足，待人也很真诚。对每位同事前辈都很友善，在公司里总是“王姐”“张哥”等亲热地叫着。一天，小宋陪同客户经理参加了公司的客户见面会。小宋忙前跑后，自认为圆满完成了任务，但会后王经理严肃地对小宋提出了批评，指出他在客户面前表现欠妥。小宋疑惑不解，回去询问同事小李。小李指出，在王经理和客户会谈期间，小宋不应该以“王姐”来称呼王经理。小宋听后恍然大悟，原来问题出在了称谓上。

点评：

在正式场合，称谓会成为体现公司文化的窗口。小宋在客户面前称王经理为“王姐”，这种过于生活化的称呼会给对方留下不好的印象，即该公司管理松散，不够严肃，进而影响公司形象。

讨论：

如果你是小宋，明白问题所在后你会怎么做呢？

温馨贴士

职场中有效的沟通方式

暑假，小金在某广告公司设计部实习。

这天，设计部刘主任请他联系办公室孙主任要一张公司的图片，结果碰了一鼻子灰。

小金：孙主任，我们设计部刘主任要你发张公司的图片给他。

孙主任：你是哪位？

小金：我是刚进公司的实习生小金。

孙主任：刘主任要什么样的图片？

小金：我不大清楚。

孙主任：公司图片那么多，你不说出具体要求，我哪里知道什么样的图片才是你们刘主任需要的呢。你去问清楚了再找我吧。

小金在与孙主任的沟通中，既没有自报姓名、用正确的礼貌称呼，又没有说清沟通的要点、用意，不可避免地碰了一鼻子灰。

在职场中，沟通几乎无处不在，我们可以用“正确称呼＋清晰要点＋说明用意＋确认对象＋表达感谢”的公式进行沟通，让对方清晰地了解到你的沟通需求，这是与对方进行沟通合作的良好开端。借鉴这一沟通公式，小金可以这样与孙主任进行愉快得体的沟通，顺利获得设计部刘主任所需要的公司图片：

正确称呼——孙主任您好，我是设计部新来的实习生小金。

清晰要点——我们刘主任让我联系您。能请您给他发一张带有公司元素的高清图片吗？比如这张，尺寸上没有特殊要求，尽量高清就行。

说明用意——刘主任说这张图片是要用来放在咱们公司合作伙伴的展示页上的。

确认对象——刘主任说这件事要与您对接，您现在方便吗？不好意思，给您添麻烦了。

表达感谢——您精心挑选的这几张高清图片都很合适，我想刘主任一定会很满意、很开心。辛苦您了，非常感谢您！我不多打扰您了，再见！

（二）关心同事，互帮互助

与同事相处，应互相关心、互相帮助、团结合作。同事在生活中遇到困难时应主动问询，对力所能及的事应及时帮忙。遇到同事有升职、结婚生子等喜事时要主动表示祝贺。当同事遇到生病住院、亲人去世等时，可适时探望慰问。出差、探亲或旅游回来，可以和同事们分享自己带回的特产。工作中取得了一定的成绩，可以请同事聚餐，分享自己的快乐。这样，会增进双方的感情，使关系更加融洽。

特别要注意的是，在与同事的交往中要保持恰当的距离，对别人的私事不要太好奇。如果同事遇到困难却不想说或有的事情不方便说，切不可勉强或四处打听。在适当的时候保持沉默，也是对别人的尊重与帮助。同时，也要注意不要去做流言蜚语的传播者，对听到的那些会损害当事人名誉或声誉的传言守口如瓶。这将有益于营造良好的职场人际关系，有助于事业的发展。

礼析启思

案例：

小林刚进一家公司，因害怕自己不了解公司里的人际关系而"触雷"，想尽办法搜集小道消息。有一次与同事聊天，他兴致勃勃地说："那天，我听见咱们李经理在电话里和老板吵架，说要离开公司了，好像是因为一笔什么账目不清。"同事警告小林不要乱说，小林没有听从同事的劝告。又一次，小林在办公室里大谈李经理走后公司人事将如何变动，还特别得意地说自己在李经理的桌上发现了辞职信，他的这番话被正好走进办公室的老板听到了。没过多久，小林因为他的"大喇叭"被辞退了。

点评：

小林的做法是不尊重他人的表现。偷听别人的谈话，是打探他人隐私；当"大喇叭"，将听来的话广而告之是错上加错；偷看别人的信件，是严重侵犯他人隐私的做法。尊重他人，才能得到他人的真诚相待。

讨论：

在人际交往中，你有没有被"大喇叭"广播过呢？请说说当时的感受。另外，你怎么理解尊重他人就是尊重自己？

（三）虚心请教，坦诚求助

职场新人难免在工作中遇到困难和挫折，这时我们应虚心向同事请教，坦诚求助，不要不懂装懂。当获得同事的帮助时，要真诚地向他们道谢，这样往往会令同事获得助人的快乐。

礼析启思

案例：

小万假期里到某加工厂实习，实习的内容是到车间跟老师傅学习加工制作工艺。但小万认为自己在技能比赛中拿过奖，在学校学习的专业理论和操作知识比老师傅更多，在平时的言谈举止中对老师傅表现得很傲气，总认为自己是对的，对老师傅提出的一些加工建议不以为然，并且经常擅自做主改变工作流程。在短短一个月的实习期内，小万换了三个实习指导师傅。

点评：

作为受过专业教育的学生，小万可能的确比工厂的老师傅们多学了一些专业理论和操作知识。但是他忽略了一点，老师傅们从年龄上讲，是他应该尊敬的长辈；从工作经验上讲，也是他应该虚心学习的对象。小万如果继续自以为是，不改掉急于表现自己的坏毛病，他在今后的工作中会走很多弯路。

讨论：

1. 指出小万违背职业礼仪的具体言行。

2. 若小万认识到了自己的不足，他应如何践行“虚心学习”原则，以弥补之前的错误言行呢？

（四）谦逊担当，功成不居

职场新人应虚心向老同事学习，当自己在团队合作中取得了一定成绩时，应淡化个人功绩，谦逊低调，避免因抢功而影响与同事的关系。工作中犯错后应主动担责。

职场新人需秉持“三不”原则。

一是学而不矜：虚心向老同事请教，善用“请教三步法”（先查资料→再问细节→最后总结），避免空泛提问。

二是成而不居：取得成果时采用“归因四象限”（团队协作 / 领导支持 / 前辈经验 / 外部资源），淡化个人贡献。如“这个成果离不开张经理在 ×× 环节的指导，李工的资源支持，以及王总的决策方向。”

三是错而不诿：犯错后践行“担责三步曲”（第一时间告知→同步解决方案→后续预防措施），展现职业素养。如：“我的疏忽导致 ×× 问题（事实），我已采取 ×× 补救措施（行动），后续会通过 ×× 方法（方案）避免重犯。”

礼析启思

案例：

小高入职某公司一年多了，工作积极，认真负责，表现不错。最近，小高所在的销售部推出的直播带货销售模式取得了很好的销售业绩，不少深受网友好评的品宣文稿都出自小高之手。这天，公司总经理来到销售部，夸直播带货降低了销售成本，提升了业绩，特别表扬主播对产品的介绍很有创意，富有情怀，与一般的直播带货相比可谓是一股清流。大家很开心。总经理问主播：“品宣文稿都是你执笔的吧？”主播正要开口，小高激动地抢着大声回答：“我写的。”主播的笑脸僵住了，总经理愣了一下，笑笑说：“不错不错，继续努力。”其他人神情各异，办公室里的气氛有些尴尬。总经理离开时，销售部主任意味深长地看了小高一眼。小高的心情复杂，既委屈，又不安。

点评：

小高初入职场便急于表现自我，当众在团队协作中强调个人贡献，不仅会令同事疏远，更易引发领导对其格局的质疑。职场新人易陷入“自我证明”的认知误区，殊不知谦逊低调才是破局之道——虚心学习、多问少抢，先积累经验再主动发声，方能以实力赢得长期认可。

讨论：

小组合作进行情景再现，设计主播、小高、销售部主任和其他同事听到总经理夸赞和问话后的回答，体现销售部全体同事真诚友爱、谦虚有礼、团结合作、相互欣赏和鼓励的工作风貌和氛围。

四、积极主动工作

初入职场必须针对工作需要，尽快熟悉、掌握与工作相关的专业技能，把理论知识转化为专业技能。同时，要顾全大局、乐于奉献、认真负责、注重细节、脚踏实地，努力完成领导交办的任务。

礼析启思

案例：

入职仅一年，小柳便被提拔为客户部主管，她平时的表现是这样的：接听电话，她总是主动为对方提供更多信息，尽可能让对方有更多选择。

如领导打电话要找李助理，小柳说："她外出还没有回来。"立即又补充："我马上联系她，请她与您联系。"老板说："我找她有急事，部门其他人也行。"小柳便回复说："这里小江、小池和我都在，您需要哪一位？"老板回答："就你吧，你把文件准备好给我，谢谢。"

又如，客户来电问："请问王工在吗？"小柳回答："他出去了，请问您有什么事吗？"对方希望公司派出最有经验的王工为其解决产品的故障，但王工被派出去还没有回来。小柳立即说："我们公司还有几位经验丰富的工程师，他们是张工、彭工、陈工。张工的特长是 ××，彭工的特长是 ××，陈工的特长是 ××。"客户听后欣然选择了张工。

点评：

常言道：细节决定成败。职场上哪怕是接电话这样的小事，也能看出不同人职场礼仪、工作态度等方面的差别。小柳之所以能得到提拔，就是因为她在工作上比其他同事更加积极主动、认真负责，从而赢得了领导和客户的赏识和信任，也为自己赢得了升职的机会。

讨论：

你有过假期打工或参加社会实践的经历吗？你是怎样体现自己积极主动的工作态度的？

温馨贴士

职场礼仪大忌

1. 过分注重自我形象

办公桌上摆放化妆品，还不时忙里偷闲地照照镜子、补补妆，这些行为只会给人留下工作不专心的印象。

2. 缺乏公共观念

工作环境里的公共设施都是为了提高工作效率、方便工作而设置的。工作时长时间占用电话、复印机等，都是缺乏公共观念的表现。

3. 零食不离口

工作时吃零食，会给领导、同事留下工作不认真的印象，若被客户看见，则会影响你所在单位的形象。不宜在工作场所用餐，应该到指定场所用餐。

4. 形象不得体

进入工作场所，浓妆艳抹、香气逼人、暴露过多，或衣着不整、品位低俗，都会严重影响个人职场形象。工作时，言行举止应尽量保持得体大方，过多的方言土语、粗俗不雅的词汇都应避免。对待同事应以礼相待，友好相处。

5. 把工作场所当自家居室

在工作场所摆放过多的私人物品是不合适的，会使工作环境过于凌乱。

6. 高声喧哗，旁若无人

工作场所是个严肃的地方，工间休息也应该是活泼有度，不应该旁若无人地大声说笑。

7. 随意挪用他人物品

未经许可随意挪用他人物品是极不礼貌的，也会给他人的工作带来不便。

8. 偷听别人讲话

如果和同事交谈中碰到对方有电话，最好暂时回避，除非对方表示不介意。

9. 对同事的客人表现冷漠

当同事有客人来访，应礼貌地打招呼，不能不理不睬，使同事和客人难堪。

模块三　工作礼仪·事务往来须规范

在工作中，我们与领导、同事、客户等联系工作、洽谈业务时，还需要掌握以下几方面的礼仪：

一、递接名片

（一）交换名片的时机和次序

交换名片一般宜在与人初识时、自我介绍之后或经他人介绍之后进行。一般职位低的先向职位高的递名片，男性先向女性递名片。当交换名片有两人以上时，应先将名片递给职位较高、年龄较大者；如分不清职位高低和年龄大小，则可按由近及远的方式交换名片。索取他人的名片，可以见机行事，例如："以后怎样才能向您请教？""今后怎么和您保持联系？"若不想给对方名片，措辞应婉转有礼，例如："不好意思，我忘了带名片。""非常抱歉，我的名片用完了。"

（二）递交名片的礼仪

递交名片时，应面带微笑，正视对方，将名片正面朝向对方，恭敬地用双手的拇指和食指分别捏住名片上端的两角送到对方手中。如果是坐着，应起身或欠身递送。递送时可以说"我叫 ××，这是我的名片"或"请多关照"之类的客气话。

（三）接受名片的礼仪

接受他人名片也应起身或欠身，面带微笑，双手恭敬地接过名片并致谢，接过名片后要仔细看一遍或有意识地读一下名片的内容，确认对方的姓名和职务，以示对对

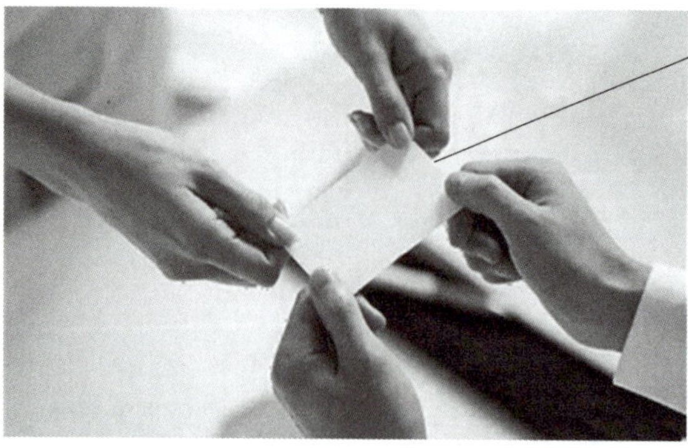

方的重视与尊重。如果遇到难读的姓氏，要请对方指教："对不起，您的姓氏很少见，请问怎么读？"随后当着对方的面郑重其事地将他的名片放入自己的名片盒或名片夹中，不可随手放在桌上或装在裤子口袋里。放好后回递自己的名片。

（四）名片的收藏和保管

要认真整理收到的名片，可在名片旁添加备忘录，内容可以是见面的日期、场所、天气、见面目的、谈话的主题以及对方的生日、爱好、成就、配偶、趣事等。备忘录一般是在与对方分手后再补记，如果得知名片信息有变动，还可修订与增补新的内容。

不要把名片当作传单随便散发。不要随意拨弄他人的名片。不要在他人的名片上乱写一些与名片主人特征有关的词。

礼析启思

案例：

两家企业经中间人介绍，相聚谈一笔生意，这是一笔双赢的生意。看到合作的美好前景，双方的积极性都很高。李总首先拿出友好的姿态，恭敬地递上了自己的名片。王总单手把名片接过来，一眼没看就放在了茶几上，接着他拿起茶杯，喝了几口，随手又把茶杯压在名片上。李总随口谈了几句话，起身告辞。事后，他郑重地告诉中间人，这笔生意他不做了。王总听到此消息十分恼火，不知对方为何不愿与自己合作。

点评：

王总因接名片这一件小事使李总对双方未来能否愉快合作产生了怀疑，因而不愿与之合作。

讨论：

王总有哪些失礼之处呢？

二、递交文件资料

应该用双手向他人递上文件或资料，并且使文件或资料的正面对着接物的一方。

课堂活动

两人一组，练习用双手递接签字笔、文件，交换名片。

三、收发电子邮件

电子邮件是写信的另一种方式。随着无纸化办公的广泛应用，工作中通过电子邮件来传递信息的方式已日益普遍。发电子邮件不仅要遵循一般书信礼仪的基本要求，还应遵循其特殊的规范。

（一）要让对方知道发信者的身份

虽然电子邮件的收信人可以看到信件来自何方，但电子邮箱名称往往与真名并不相同。因此，当发出电子邮件时，不要忘了署上真实姓名或公司、单位名称。当然，如果与对方经常联系、彼此熟悉，省略署名也可以。为了使收邮件人及时收到你所发送的邮件，可以在发送前与对方沟通，发送后立即告知对方，提醒对方及时接收邮件。电子邮件发出后，还要关注是否已及时查收。

（二）不要强加于人

不请自到的信息往往不受欢迎。因此，在发送电子邮件之前，要想到邮件会不会引起收信人的反感，尤其是广告性的信息，应少发为佳。淫秽、暴力等非法内容的电子邮件，则坚决不能发。

（三）每天检查新邮件并及时回复

当软件助手提醒你有新邮件时，应及时打开邮箱并尽快回复。

（四）谨慎转发电子邮件

转发邮件前，应考虑这封邮件有没有申明禁止转发，如果有则不能转发。

在工作中，我们除了要和同事建立和谐的人际关系外，也要注意与客户、合作伙伴建立和谐的人际关系，双方在沟通、合作时要互惠互利，善于为对方着想，这样才能赢得对方的信任，实现双赢。

四、使用社交软件

社交软件快捷方便，工作中常有使用。在工作中应谨慎使用其语音功能。如果不得已需要使用时，则要考虑对方此时是不是方便收听语音消息，最好不要连续发长语音。

礼析启思

案例：

某公司一位新入职的员工向领导汇报工作，因为觉得打字慢，于是用微信发了几段长语音。领导当时正在参加会议，要求其将语音转为文字。事后，领导向他强调，以后汇报工作仍可以使用微信，但必须用文字的形式。

点评：

工作中使用社交软件时，发送文字更简洁明了且查看方便，发语音对于发送方来说省时省力，但接收方却需要逐条点击、逐条听。这其实是工作懒散敷衍的表现，也是对领导、同事的不尊重，缺乏职业素养，也降低了工作效率。工作中应注意换位思考。

讨论：

如果你是这位员工，你会如何积极应对此事呢？

漫漫职场，礼仪为基。

礼是人道的本质体现，《荀子·礼论》有云："礼者，人道之极也。"让我们以行践礼，以礼待人，以仪立业，将规范融入举手投足——从一句问候的真诚、一封邮件的严谨，到一场会议的从容、一次协作的默契，主动恪守职场准则，让礼仪之根深植于职场沃土。

生活中、校园里、职场上……每个礼仪细节都是点点微光，微小却充满着温暖和魅力，汇聚起来，便是星河璀璨，盛世人间。让我们学以致用，内外兼修，以匠心守礼，以技能报国，在技行天下的征程中铸就青春华章！

思考练习

1. 求职者在求职时要准备好哪些书面资料？
2. 求职面试前应做好哪几方面的准备？
3. 职场日常礼仪规范包括哪几方面的内容？
4. 简述交换名片的时机和顺序。

5. 收发电子邮件应注意哪些礼仪？

6. 阅读以下案例，指出各案例中求职者行为举止的不当之处。

案例一：刘洋把头发染成了黄色，还抹了发胶，使头发竖在头顶，可谓非常抢眼、前卫。

案例二：穿短裙的求职者走进模拟应聘现场，大大咧咧地坐了下来，两条腿毫不在意地“保持着距离”，两手则分别撑在椅子的两侧。

案例三：几人一同到某公司应聘，落座后，有的求职者眼睛直直地看着面试官，有的则低下头，眼睛偷偷地向上瞄。

课后训练

认真的快递小子

有人说：“认真工作的人最美丽。”我对此深信不疑。十几年前，我认识的一位快递小子用行动很好地诠释了这句话，他那对待工作极为认真的态度深深地打动了我和同事的心，至今令我难以忘怀。

这个快递小子叫丁军辉。那一年，他才20出头，其貌不扬，还戴着厚厚的眼镜，一看就知道刚做这行，竟然穿了西装打着领带，皮鞋也擦得很亮。说话时，脸会微微地红，有些羞涩，不像他的那些同行，穿着休闲装平底鞋，方便楼上楼下地跑，而且个个能说会道……

几乎每天都有一些快递小子敲门，有些是接送快递的物品，但大多是来送名片、宣传业务。现在的快递公司很多，也确实很方便，平常公事私事都离不开他们。所以，他们送来的名片，我们都会留下，顺手塞进抽屉里，用的时候随便抽一张，不管张三李四，打个电话，很快就会过来一个穿着球鞋背着大包的男孩子……

那次他是第一次来，也是送名片。只说了几句话，说自己是哪家公司的，然后认真地用双手放下名片就走了，皮鞋踩在楼道的地板上发出清脆的响声。有同事说，这个傻小子，穿皮鞋送快件，也不怕累。

几天后又见到他。接了他名片的同事有信函要发，兴许丁军辉的名片在最上面，就给他打了电话。电话打过去，十几分钟的样子，他便过来了。还是穿了皮鞋，说话还是有些紧张。

单子填完，他慎重地看了好几遍才说了“谢谢”，收费找零钱，谨慎地用双手递过去，好像完成一个很庄重的交接仪式。

因为他的厚眼镜他的西装革履，他的沉默他的谨慎，我下意识地记住了他。隔了几天给家人寄东西，就跟同事要了他的电话。

他很快过来，仔细地把东西收好，带走，没隔几天，又送过几次快件过来。

可能刚做不久的缘故，他确实比其他人要认真许多，要确认签收人的身份，又等着接收后打开，看其中的物品是否有误，然后才走。所以他接送一个快件，花的时间比其他人要多一些，由此推算，他赚的钱不会太多。

转眼到了“五一”，放假前一天快中午的时候，听到楼道传来清晰的脚步声，随后有人敲门。竟然是他——丁军辉。他换了件浅颜色的西装，皮鞋依旧很亮。手里提着一袋红红的橘子，进了门没说话，脸就红了。

“是你啊？”同事说，“有我们的快递吗？”他摇头，把橘子放到茶几上，看起来很不好意思，说：“我的第一份业务，是在这里拿到的。我给大家送点水果，谢谢你们照顾我的工作，也祝大家劳动节快乐。”

这是印象中他说得最长的一句话，好像事先演练过，很流畅。

我们都有些不好意思起来，这么长时间，还没有任何有工作关系的人来给我们送礼物呢，而他，只是一个凭自己努力吃饭的快递小子，也只是无意让他接了几次活，实在谈不上谁照顾谁。他却执意把橘子留下来，并很快道别转身就出了门。

应该是街边小摊上的水果，橘子个头都不大，味道还有一点儿酸涩，可是我们谁也没有说一句挑剔的话，半天，有人说道：“这小子，倒笨得挺有人情味的。”

也许因为他的橘子、他的人情味，再有快递的信件和物品，整个办公室的人都会打电话找他。还顺带着把他推荐给了其他部门。

丁军辉朝我们这里跑得明显勤了，有时一天跑了四趟。

这样频繁地接触，大家也慢慢熟悉起来。丁军辉在很热的天气里也要穿着衬衣，大多是白色的，领口扣得很整齐。始终穿皮鞋，从来都不随意。有次同事跟他开玩笑说：“你老穿这么规矩，一点不像送快递的，倒像卖保险的。”

他认真地说：“卖保险都穿那么认真，送快递的怎么就不能？我刚培训时，领导说，去见客户一定要衣衫整洁，这是对对方最起码的尊重，也是对我们职业的尊重。”

同事继续打趣他："对领导的话你就这么认真听啊？"

"听领导的话当然要认真。"他根本不介意同事是调侃他，依旧这样认真地解释。

我们又笑，他大概是这行里最听话的员工吧？这么简单的工作，他做得比别人辛苦多了，可这样的辛苦，最后能得到什么呢？他好像做得越来越信心百倍，我们的态度却不乐观，觉得他这么笨的人，想发展不太容易。

果然，丁军辉的快递生涯一干就是两年。

两年里他除去换了一副眼镜，衣着和言行基本上没有变化。工作态度依旧认真，从来没听到他有什么抱怨。

那天我打电话让他来取东西。填完单子，丁军辉核对时冷不丁地说："啊，这个地址是我念书的地方。"他的声音很大，把我吓了一跳。他又说："我是从这所学校毕业的。"

这次我听明白了，不由抬起头来，有些吃惊地看着他："你也在那里上过学吗？"

可能那个地址让他有些兴奋，一连串地说："是啊是啊，我是学财会的，4 年前毕业的。"

天！这个其貌不扬的快递小子，竟然是个正规学校的大专毕业生。

我忍不住问他："你有学历也有专业特长，怎么不找其他工作？"

面对这样的询问，他有些不好意思，说："当时没想到专业适合的工作那么难找，找了几个月才发现实在太难了。我家在农村，挺穷的，家里供我念完书就不错了，哪能再跟他们要钱。正好快递公司招快递员，我就去了，干着干着觉得也挺好的……"

"那你当初学的知识不都浪费了？"我还是替他惋惜。

"不会啊。送快递也需要有好的统筹才会提高效率，比如把客户根据不同的地域、不同的业务类型明细分类，业务多的客户一般送什么，送到哪里，私人的如何送……通常看到客户电话，就知道他的具体位置，大概送什么，需要带多大的箱子……"他嘻嘻地笑："知识哪有白学的？"

我真对他有些另眼相看了，没想到笨笨的他这么有心，而他的话，也真有着深刻的道理。

转眼又到了"五一"，节前总会有往来的物品，那天给丁军辉打电话让他来取东西，电话是他接的，来的却是另外一个更年轻的男孩。说："我是快递公司的，丁主管要我来拿东西。”

我愣了一下，转念明白过来，说：“丁军辉当主管了？”

“是啊。”男孩说，“年底就去当分公司的经理了。都宣布了。”

男孩和丁军辉明显不一样，有些自来熟，话很多，不等我们问，就说：“上次公司会议上宣布的，提升的理由有好几条呢！他是公司干得最长的快递员，是唯一有学历的快递员，是唯一坚持穿西装的快递员，是唯一建立客户档案的快递员，是唯一没有接到客户投诉的快递员……”

男孩絮絮叨叨说了半天，才把我要发的物件拿走。因为丁军辉的事，那天，我感到由衷的高兴。

当天下午，丁军辉的快递公司送来同城快件，是一箱橙子。虽然没有卡片没有留言，我们都知道是他送的，拆开后每人分了几个放到桌上。

橙子很大，色泽鲜艳，味道甜美。隔着这些漂亮的橙子，我却看到了那些小小的橘子。它们，是那些小橘子开出的花吗?

我终于相信了，认真是有力量的，那种力量，足以让小小的青涩橘子开出花来。

感悟：

着装从不随意，西装革履、皮鞋锃亮，穿衬衣领口扣得很整齐；双手递送名片、零钱；慎重填写单子并反复检查；认真签收每一个快件；请客户吃水果表达谢意；建立客户档案，提供贴心服务；不断摸索、积累工作经验以提高工作效率……短短两年多，职场新人丁军辉从一个普通的快递小子成为分公司的经理，使他脱颖而出的正是这一个个极不起眼却又处处体现对客户、对职业尊重的细节。

从这个从不抱怨、低调而不张扬的快递小子身上，我们充分感受到了“认真”二字的巨大力量。丁军辉没有高学历，没有高颜值，但他谨记“伟大在于细节的积累”，有精益求精、一丝不苟的工匠精神，在平凡的工作岗位上努力用心做好每一个细节，不断获得职业的幸福感，实现了自己的人生价值。

一位教育从业者说过：“人的一生是奋斗的一生，但是有的人一生过得很伟大，有的人一生过得很琐碎。如果我们有一个伟大的理想，有一颗善良的心，我们一定能把很多琐碎的日子堆砌起来，变成一个伟大的生命。”

让我们积极行动，把自己每天平凡的日子堆砌成伟大的人生，不断享受到成功的快乐。

行动：

1. 情景再现：课堂上，同学们分角色扮演面试官和求职者，进行求职面试的模拟演练。

2. 根据自己所学专业的特点，按照求职信的书写礼仪要求，写一封求职信。

3. 小组讨论，分析下列案例：

小艳应聘进入了一家广告设计公司，人事经理带她熟悉周围环境，并将她介绍给部门的同事们认识。她非常恭敬地称对方为老师，同事大多欣然地接受了。

当领导把她带到一位同事李梅面前，并告诉小艳，以后就跟着李梅学习，有什么不懂的就请教她时，小艳更加恭敬地称李梅为“李老师”，李梅连忙摇头说：“大家都是同事，别那么客气，直接叫我名字就行了。”

小艳仔细想想，觉得叫老师显得太生疏了，但是直接叫名字又觉得不尊敬，不知道怎么称呼对方比较合理。

职场新人小艳初次与同事们见面，她对大家的称呼得体吗？她应该怎样称呼李梅呢？

4. 以小组为单位，上台进行“求职面试自我介绍”比赛，限时一分钟。求职面试自我介绍比赛评分表如下：

姓名	着装得体 仪表大方 （2分）	步姿稳健 站姿端正 （2分）	声音响亮 语言流畅 （2分）	言简意赅 条理清晰 （2分）	表情生动 手势恰当 （2分）	得分 （10分）

5. 寻找你身边的“职场达人”，请他们谈谈自己的工作成长经历、工作经验和职场感悟，撰写一篇1 000字左右的采访稿，并配以相关照片，佳作打印张贴于班级园地并上传至班级群。